Die Illusion der Abschottung

Marcus Matthias Keupp

Die Illusion der Abschottung

Brexit, Lockdown und die Zukunft

Marcus Matthias Keupp
Militärakademie an der Eidgenössischen
Technischen Hochschule Zürich
Birmensdorf ZH, Schweiz

ISBN 978-3-658-34956-1   ISBN 978-3-658-34957-8   (eBook)
https://doi.org/10.1007/978-3-658-34957-8

Die Deutsche Nationalbibliothek verzeichnet diese Publikation in der Deutschen Nationalbibliografie; detaillierte bibliografische Daten sind im Internet über http://dnb.d-nb.de abrufbar.

© Der/die Herausgeber bzw. der/die Autor(en), exklusiv lizenziert durch Springer Fachmedien Wiesbaden GmbH, ein Teil von Springer Nature 2021
Das Werk einschließlich aller seiner Teile ist urheberrechtlich geschützt. Jede Verwertung, die nicht ausdrücklich vom Urheberrechtsgesetz zugelassen ist, bedarf der vorherigen Zustimmung der Verlage. Das gilt insbesondere für Vervielfältigungen, Bearbeitungen, Übersetzungen, Mikroverfilmungen und die Einspeicherung und Verarbeitung in elektronischen Systemen.
Die Wiedergabe von allgemein beschreibenden Bezeichnungen, Marken, Unternehmensnamen etc. in diesem Werk bedeutet nicht, dass diese frei durch jedermann benutzt werden dürfen. Die Berechtigung zur Benutzung unterliegt, auch ohne gesonderten Hinweis hierzu, den Regeln des Markenrechts. Die Rechte des jeweiligen Zeicheninhabers sind zu beachten.
Der Verlag, die Autoren und die Herausgeber gehen davon aus, dass die Angaben und Informationen in diesem Werk zum Zeitpunkt der Veröffentlichung vollständig und korrekt sind. Weder der Verlag noch die Autoren oder die Herausgeber übernehmen, ausdrücklich oder implizit, Gewähr für den Inhalt des Werkes, etwaige Fehler oder Äußerungen. Der Verlag bleibt im Hinblick auf geografische Zuordnungen und Gebietsbezeichnungen in veröffentlichten Karten und Institutionsadressen neutral.

Planung/Lektorat: Susanne Kramer
Springer ist ein Imprint der eingetragenen Gesellschaft Springer Fachmedien Wiesbaden GmbH und ist ein Teil von Springer Nature.
Die Anschrift der Gesellschaft ist: Abraham-Lincoln-Str. 46, 65189 Wiesbaden, Germany

Die gefährlichste aller Weltanschauungen ist die Weltanschauung der Leute, welche die Welt nicht angeschaut haben.

Alexander von Humboldt

Vorwort

Aurae vela vocant tumidoque inflatur carbasus Austro.
Vergil, Aeneis III: 356–357

Der Lockdown hat global demonstriert, was der Brexit bereits andeutete: Eine Rückkehr ins zwanzigste Jahrhundert ist nicht undenkbar. Die Welt hat erfahren, was es bedeutet, wenn international arbeitsteilige Wertschöpfungsketten zerbrechen, Grenzübergänge plötzlich geschlossen werden, die Exekutive durchregiert. Es war eine furchtbare Warnung. Sie hat eindrücklich gezeigt, wie fragil die Weltwirtschaft immer noch ist.

Der Lockdown verlangt nach Antworten. Die Welt kann das Erreichte entweder abwickeln oder stärken. Wer nicht zurück in die Isolation will, muss Ideen entwickeln, muss sich für eine globale Perspektive und eine weltanschauliche Basis entscheiden. Darauf hat mich meine Lektorin Susanne Kramer hingewiesen, und ich danke ihr nicht nur herzlich für diese Anregung, sondern auch für die stets konstruktive Kritik.

Ich glaube nicht nur daran, dass offene Märkte und verbundene Netze besser funktionieren als staatliche Abschottung und geschlossene Grenzen, dass nationale Macht an internationales Recht gebunden sein muss, damit der Welthandel überhaupt zustande kommt. Ich habe auch versucht, historische, rechtliche, ökonomische und technische Perspektiven zu kombinieren, um dem Leser aufzuzeigen, warum es so ist. Das Buch muss daher bescheiden bleiben, es ist nur eine Skizze, die versucht, einige große Linien zu verbinden. Sie ist der Stadt Basel gewidmet, wo sich regionale Identität und globale Orientierung auf engstem Raum vereinen. Wer dort lebt, wird sich oft in diesem Buch wiederfinden.

Der interessierte Leser kann die wissenschaftlichen Anmerkungen in den Endnoten finden. Meine Assistenten Fabian Muhly und Marco Soto Novoa haben unermüdlich Quellen ausgewertet und Karten gezeichnet, Christoph Schulze hat meine Argumente genau geprüft. Dennoch bin ich allein für das Resultat verantwortlich. Ich leite die Dozentur für Militärökonomie der Militärakademie an der Eidgenössischen Technischen Hochschule Zürich (ETH-MILAK), aber dieses Buch ist weder eine offizielle Kommunikation der Schweizer Armee noch des schweizerischen Departements für Verteidigung, Bevölkerungsschutz und Sport. Ich hoffe dennoch, dass es auch künftigen Sicherheitskräften nutzen wird.

Teilhabe erfordert Offenheit. Wer in einem grenzüberschreitenden Wirtschaftsraum lebt und arbeitet, muss darüber nicht belehrt werden. Und wer seine eigene Bevölkerung sicher versorgen, die Entwicklungsländer unterstützen oder den Klimawandel bewältigen will, kommt mit bürokratischer Lenkung und geschlossenen Grenzen nicht weit.

Birmensdorf ZH (Schweiz)　　　　　　　PD Dr. Marcus Matthias Keupp
　　　　　　　　　　　　　　　　　　　　　　　　　　Dipl.-Kfm

Inhaltsverzeichnis

Zeitgeist   1
Gegenwart   1
Fundamente   4
Strukturen   11
Wendepunkte   17

Zwang   31
Durst   31
Hunger   36
Stillstand   46
Krankheit   54
Mangel   58
Arbeitslosigkeit   68
Verkehrskontrolle   75

Zukunft   95
Verantwortung   95
Freiheit   100

Regionalraum	111
Südwind	118
Literatur	137
Stichwortverzeichnis	171

Zeitgeist

Gegenwart

Man will das schöne Wetter nutzen, schwingt sich aufs Fahrrad, fährt an uralten Grenzsteinen vorbei nach Deutschland, kauft dort italienischen Wein und spanischen Schinken, bezahlt in fremder Währung bei einer Grenzgängerin, die in Frankreich wohnt. Man radelt zurück in die Schweiz, setzt sich an die Hafenmole, unterhält sich mit einem Schiffer aus Rotterdam, dessen belgischer Matrose soeben kanadischen Weizen löscht.

Solche internationalen Beziehungen sind weder neu noch ungewöhnlich, auch wenn so mancher „die Globalisierung" als etwas fundamental Neues auffasst und sie mit dem Wiener Kongress oder dem Zeitalter der Entdeckungen beginnen lässt. Bereits in der Ur- und Frühgeschichte reisten Menschen über weite Strecken, handelten Waren, fuhren zur See, investierten ihr Kapital. Spätestens seit der Eisenzeit handelten Menschen auch über weite geographische Entfernungen miteinander, selbst die Kelten in Europa unterhielten wirtschaftliche Beziehungen mit den Hochkulturen des fruchtbaren Halbmonds. Fränkische Schmiede importierten Metalle und exportierten die daraus

© Der/die Autor(en), exklusiv lizenziert durch Springer Fachmedien Wiesbaden GmbH, ein Teil von Springer Nature 2021
M. M. Keupp, *Die Illusion der Abschottung*,
https://doi.org/10.1007/978-3-658-34957-8_1

geschmiedete Markenware in ganz Europa, aber sie mussten sich auch mit Nachahmern auseinandersetzen.[1]

Dennoch verläuft die Geschichte nicht linear; in den 1970er Jahren ist die Welt wirtschaftlich weniger frei als im 19. Jahrhundert. Das 1944 begründete System von Bretton Woods hat den globalen Güterverkehr weitgehend liberalisiert, den Kapitalverkehr aber streng reguliert. Der Welthandel findet größtenteils zwischen den industrialisierten Staaten der nördlichen Hemisphäre statt. Reisefreiheit gibt es nur innerhalb der westlichen Welt, und selbst dort kontrollieren die Zöllner penibel den internationalen Verkehr.

Die Sowjetunion und ihre Satellitenstaaten handeln zwar miteinander, aber international sind sie wirtschaftlich isoliert. Argentinien und Brasilien werden von despotischen Militärs regiert, ihre einst blühenden, international ausgerichteten Volkswirtschaften sind verkümmert. Es gibt keine IT-Industrie in Indien, die Textilindustrie in Bangladesch – das sich erst 1972 von Indien abspaltet – steckt noch in den Kinderschuhen. China ist nach über zwanzig Jahren Maoismus verarmt und wirtschaftlich isoliert. Singapur und Hongkong sind wesentlich kleiner als heute. Beide treiben zwar schwunghaften Handel, aber die übrigen asiatischen Staaten sind mehrheitlich Entwicklungsländer. Noch vor kurzem war Südkorea ein verarmtes Agrarland, und die japanische Wirtschaft ist in den 1960er Jahren zwar stark gewachsen, verkauft aber nicht einmal ein Zehntel des heutigen Exportvolumens.

Das französische Kolonialreich ist von der Landkarte verschwunden, das britische Empire weitgehend im lockeren Verband des Commonwealth aufgegangen. Seine früheren Protektorate – Qatar, die (gerade erst vereinigten) arabischen Emirate, Bahrain und Kuwait – fördern am Persischen Golf zwar Öl und Gas, aber wenige Gebäude dort sind höher als zwei Stockwerke. Im Süden sind viele afrikanische Staaten erst seit zehn Jahren unabhängig, etliche leiden unter Hungersnöten und bizarren Diktatoren, versinken in jahrzehntelangen Bürgerkriegen.[2]

Die Binnennachfrage der europäischen Staaten ist gesättigt. Die britische Industrie ist nicht mehr konkurrenzfähig, Millionen werden arbeitslos, und die Regierung muss das britische Pfund mehrfach abwerten. In Frankreich endet die seit 1945 ununterbrochene Wachstumsphase der *„trente glorieuses"*. In Deutschland, Österreich und

Schweden ist das „Wirtschaftswunder" vorbei, die Ölkrisen von 1973 und 1979 lösen schwere Rezessionen aus. Spanien und Portugal entledigen sich ihrer autoritären Regime, sind aber wirtschaftlich schwach, viele ihrer Bürger wandern in die Industriestaaten ab.

Unaufhörlich steigt das Handelsbilanzdefizit der USA, nicht zuletzt aufgrund des Vietnamkriegs. Am 15. August 1971 hält Präsident Nixon eine Fernsehansprache, nach der das System von Bretton Woods kollabiert. Die westlichen Staaten können oder wollen den Kapitalverkehr nicht länger kontrollieren, um ihre an den US-Dollar gebundenen Wechselkurse aufrechtzuerhalten. Einige Mitglieder versuchen erfolglos, das System zu retten, bis 1973 haben die meisten Industriestaaten ihre Wechselkurse flexibilisiert. Es bildet sich bald ein globaler Devisenmarkt, und die internationalen Kapitalströme fliessen freier. Unternehmer nutzen die neu gewonnene Freiheit, um weltweit zu exportieren und zu investieren und so die verminderte Binnennachfrage zu kompensieren.

Nur wenige Staaten haben bisher Freihandelsabkommen miteinander geschlossen, nun aber wächst deren Zahl rasant. Bereits 1972 liberalisiert die Schweiz den Güterhandel mit der Europäische Wirtschaftsgemeinschaft (EWG), der Vorläuferin der heutigen Europäischen Union (EU). Die zwischen 1970 und 1973 geschlossenen Ostverträge beleben den innerdeutschen wie auch den Osthandel. Die USA beenden 1972 ihr Handelsembargo gegen China, seit 1979 unterhalten beide Staaten wieder diplomatische Beziehungen.[3]

Seither hat sich die Welt fast ununterbrochen wirtschaftlich vernetzt, und das Ergebnis ist widersprüchlich. Die Weltordnung ist dynamisch, multipolar, weitgehend friedlich im Westen und in Asien, aber instabil im Osten und in Afrika. Die Menschheit ist, global gesehen, wohlhabender geworden, aber der Wohlstand ist ungleich verteilt. Obwohl die Weltbevölkerung stark gewachsen ist, leben weniger Menschen in extremer Armut. Dennoch stagniert die Wirtschaft in vielen Entwicklungsländern, obwohl sie fruchtbare Landstriche und reichliche Rohstoffvorkommen besitzen.[4]

Das Bruttoinlandsprodukt der Welt ist heute fast dreißig Mal größer als 1970. Allein zwischen 1990 und 2017 hat sich der globale Verkehr mit Containern, Schüttgütern und Öl fast verdreifacht. Heute gibt es fünf Mal so viele Vollcontainerschiffe wie noch 1990, und jedes davon hat die vierfache Ladekapazität. So manches ist auch heute noch so wie gestern, aber wer alte Fotos aus Abidjan, Dubai, Shanghai betrachtet, erkennt die Städte nicht wieder.[5]

International arbeitsteilige Wertschöpfungsketten und virtuelle Räume verbinden die Welt, gleichzeitig sterben die Ladengeschäfte in der Provinz. Industrien, die einst in Europa oder den USA ansässig waren, produzieren heute in Asien und Lateinamerika. Eine beispiellose Welle technologischer Innovationen hat hochwertigere Produkte, aber auch neue soziale Fragen geschaffen. Menschen, die mobil und gut ausgebildet sind, steht die Welt offen – wer keine Perspektive hat, bleibt zuhause und reagiert seine hilflose Wut auf dem Stimmzettel ab.

Fundamente

Die Welt ist heute wirtschaftlich intensiv vernetzt, aber selbstverständlich ist diese Entwicklung nicht. Immer noch existieren sich selbst versorgende Gemeinschaften, die zwar auf steinzeitlichem Technologieniveau leben, aber dennoch weder Hunger leiden noch anderen begegnen wollen. Zivilisationsmüde Europäer bewundern sie mitunter dafür; schon Rousseau lamentierte, dass die Abhängigkeit der Menschen voneinander alle Knechtschaft und Übel herbeiführe. Bereits hier, im urkommunistischen Paradies, vermutete so mancher das Ende der Geschichte: Das Kollektiv lebt autark in der Natur, die sie kleidet und ernährt, und alles gehört allen gleichermaßen: Jeder nach seinen Fähigkeiten, jedem nach seinen Bedürfnissen.

Leider ist der Garten Eden instabil. Schnell werden die Lebensgrundlagen knapp, wenn die Gruppe wächst, die Ernte schlecht ausfällt, oder wenn einige meinen, sie trügen mehr zum Gemeinwohl bei, daher stünde ihnen mehr zu als anderen. Auch der erdgeschichtliche Zufall war ungerecht; vielleicht haben die Gruppenmitglieder genügend zu trinken, aber keine fruchtbaren Böden, können reichlich jagen, finden aber kein Salz, entdecken zwar stärkehaltige Knollen, aber keine vitaminreichen Früchte. Handel kommt jedoch erst dann zustande, wenn Menschen etwas benötigen, das sie selbst nicht fertigen können, und wenn niemand sie zwingt, auf das Gewünschte zu verzichten. Denn der Staat kann durchaus die Bedürfnisse seiner Einwohner ignorieren oder sie gewaltsam daran hindern, sich zu versorgen. Auch autoritäre Herrscher lassen lieber ihre Bevölkerung hungern statt Nahrungsmittel beim Nachbarn einzukaufen.[6]

In einer wirtschaftlich freien Gesellschaft spezialisieren sich jedoch abenteuerlustige Gruppenmitglieder darauf, das Gewünschte zu beschaffen. Sie organisieren eine Karawane und reisen zum Markt des Nachbarn. Dort erhalten sie nicht nur, was sie benötigen; nach ihrer Rückkehr erzählen sie auch begeistert von den Bauwerken. Ihr Herrscher fragt, warum er keine Tempel und Pyramiden habe, genügend Steine seien doch vorhanden? Weil es an qualifizierten Arbeitskräften, handwerklichen Fertigkeiten und Technologien fehlt – es sei denn, er ruft die fremden Handwerker ins Land und bezahlt sie für ihre Dienste. Und so schreibt der assyrische König dem babylonischen Herrscher einen flehentlichen Brief: „Bruder, sende mir einen Bildhauer!".[7]

Die Händler haben auch neue, unbekannte Waren eingekauft, die wunderbar munden oder kleiden. Ihre Kundschaft ist begeistert und will sie selbst herstellen, aber niemand weiß, wie sie gewebt oder angepflanzt werden müssen, und der Versuch, sie nachzumachen, scheitert – der Stoff sieht unästhetisch aus, und die Exoten wollen nicht so recht wachsen. Nicht alles kann überall angebaut werden, nicht jeder kann alles gleich gut. Es ist daher sinnvoll, wenn Menschen nur solche Güter herstellen, die sie besser, günstiger oder schneller als andere fertigen können. Sie setzen ihre Ressourcen und Fertigkeiten nur noch dazu ein, alles andere importieren sie vom Nachbarn.

So entsteht eine international arbeitsteilige Wertschöpfungskette. Wer bisher nur sauren Wein trinken konnte, gibt den Weinbau auf und erfreut sich an den Spezialitäten des Südens, dafür ernten dessen Winzer schneller und ertragreicher mit den Maschinen des Nordens. Dieser Handel ist kein Nullsummenspiel. Des einen Import ist zwar des andern Export. Weil aber beide Handelspartner sich spezialisieren, verbessern sich sowohl die handwerklichen Fähigkeiten als auch das technologische Wissen, und damit steigt die Produktqualität. Da sie ihr

Kapital auf wenige, aber wettbewerbsfähige Industrien konzentrieren, können sie effizienter und auch größere Stückzahlen produzieren. Je besser und günstiger die so erstellen Güter und Dienstleistungen sind, desto attraktiver ist es, nicht nur die eigene Bevölkerung, sondern den ganzen Weltmarkt zu beliefern, vor allem wenn das Land klein oder nur dünn besiedelt ist. Saudi-Arabien besitzt viel mehr Erdöl als die eigene Bevölkerung je verbrauchen könnte, es kann diese Reserven auch konkurrenzlos günstig fördern. Gleiches gilt für die qatarischen Erdgasreserven, und die Schweiz versorgt nicht nur ihren kleinen Heimatmarkt, sondern die ganze Welt mit Medikamenten.

Es ist nicht selbstverständlich, dass Güter frei und ungehindert von einer Weltregion in die andere gelangen können. Jahrhundertelang kontrollierten die lokalen Herrscher den Handelsverkehr. Sie erhoben Zölle von den Kauffahrern, blockierten die Handelswege, konfiszierten die Ladung oder versenkten gar die Schiffe. Die dänischen Könige kontrollierten die Seewege rund um das Skagerrak, und sie nutzen diesen strategischen Vorteil, um Abgaben einzufordern. Schon im 13. Jahrhundert lieferte sich Waldemar II. militante Auseinandersetzungen mit den Hansestädten, weil er deren Warenverkehr kontrollieren wollte. Erik VII. setzte den „Sundzoll" durch, der bis 1857 bestand und zeitweise ein Achtel der dänischen Staatseinnahmen ausmachte.

In einer solchen Welt sind Kaufleute letztlich Abenteurer *(„merchant adventurers")*, und entsprechend fragil und teuer ist der Handel. Um Piraten und Räuber abzuwehren, müssen sie ihre Schiffe bewaffnen und ihre Fuhrwerke eskortieren lassen. Diese Sicherheitskosten amortisieren sie über höhere Angebotspreise. Sie können weder darauf vertrauen, dass ihr Heimatstaat den Handel fördert, noch darauf, dass das Ausland ihn zumindest duldet. Vielleicht werden sie von mächtigen Fürsten protegiert, aber deren Gunst ist erratisch, ihre Regierungszeit begrenzt. Auch im Ausland wirken einflussreiche Gruppen auf die dortigen Herrscher ein, sie mögen die unliebsame internationale Konkurrenz ausschalten oder zumindest deren Kostenbasis erhöhen.[8]

Erst wenn die nationalstaatliche Macht an internationale Normen gebunden ist, wird sie dauerhaft in die Schranken gewiesen. Der zwischenstaatliche Handel ist dann nicht länger eine Angelegenheit situativer Machtausübung, sondern einer überstaatlichen Rechtsordnung, die einen sicheren Handelsverkehr gewährleistet. Da es derzeit weder ein Weltparlament noch einen Weltstaat im kantianischen Sinn gibt, sind es die Nationalstaaten selbst, die solche internationalen Normen – das Völkerrecht – schaffen, indem sie Verträge aushandeln. Vom zwingenden humanitären und Völkergewohnheitsrecht abgesehen sind völkerrechtliche daher stets vertraglich vereinbarte Normen.

Während ein privatrechtlicher Vertrag mit der Unterschrift aller Parteien bzw. der notariellen Beurkundung rechtskräftig wird, erfordert ein völkerrechtliches Abkommen zusätzlich die Ratifikation, d. h. die völkerrechtlich verbindliche Erklärung, dass ein Staat den Vertrag als rechtsgültig ansieht und ihn künftig achten wird. Selbst dann wird der Vertrag nur in Staaten mit monistischer Rechtspraxis unmittelbar zu nationalem Recht. Die meisten Staaten folgen allerdings der dualistischen Praxis, d. h. sie müssen noch ein Gesetz beschließen, das die Vertragsnormen in nationales Recht überführt ("transformiert"). In beiden Fällen ist die Bindungswirkung gleich, es gilt der Grundsatz *pacta sunt servanda*: Der Staat kann nicht mehr beliebig handeln, er ist an die einvernehmlich definierten Regeln gebunden. Diese Bindung ist abstrakt und unpersönlich. Früher sahen sich die absolutistischen Herrscher selbst als Völkerrechtssubjekte, weil sie ihre monarchische Person mit dem Staat identifizierten. Im heutigen (abstrakten) Staatsverständnis ist aber nicht der Herrscher, sondern der Staat als solcher das Völkerrechtssubjekt. Daher gelten völkerrechtliche Verträge auch dann fort, wenn der Monarch stirbt, die Regierung wechselt, ein neuer Präsident neue Ideen hat. Der Vertrag verpflichtet die Handelspartner auch in überzeitlicher Hinsicht; solange sie ihn nicht kündigen oder auslaufen lassen, gilt er fort.[9]

Die Rheinschifffahrtsakte ("Mannheimer Akte") illustriert diese Prinzipien in idealer Weise. Sie garantiert den ungehinderten und zollfreien Handelsverkehr auf dem Rhein. Seit 1869 ist sie ununterbrochen in Kraft. Die Signatarstaaten passten sie zwar immer wieder an technische und politische Entwicklungen an, hielten aber stets an ihr fest. Die Niederlande haben sich seit dem Vertragsschluss staatsrechtlich nicht verändert, aber bei allen anderen Vertragsparteien ist die Lage komplizierter. So ist Frankreich 1869 noch ein Kaiserreich, zwei Jahre später aber eine Republik – die Akte gilt fort. Erst seit 1871 existiert ein deutscher Bundesstaat, vorher durchfloss der Rhein vier souveräne Monarchien: die Großherzogtümer Baden und Hessen(-Darmstadt) sowie die Königreiche Bayern und Preußen. Deren Herrscher haben die Akte ratifiziert, aber ihre Völker entledigen sich ihrer nach dem Ersten Weltkrieg, machen Monarchien zu Republiken – die Akte gilt fort. Selbst wenn ein Signatarstaat untergeht, gilt der Vertrag weiter, sofern der Rechtsnachfolger daran festhält. Nach dem Zweiten Weltkrieg bleibt nur Bayern als Staat erhalten, verliert aber 1946 seinen Zugang zum Rhein. Die anderen drei Signatarstaaten existieren nicht mehr. Heute durchfließt der Rhein die zwischen 1945 und 1952 neu gegründeten deutschen Teilstaaten (Bundesländer). Dennoch bestätigen sowohl der westdeutsche wie auch der gesamtdeutsche Bundesstaat die Akte immer wieder.[10]

Das Völkerrecht stützt sich auf den Gedanken der souveränen Gleichheit aller Staaten. Der westfälische Frieden hat 1648 diese revolutionäre Idee in die internationale Staatenordnung eingeführt: Es kommt nicht darauf an, wie groß oder bevölkerungsreich ein Staat ist, welches politische oder konfessionelle System er hat oder wie weit er wirtschaftlich entwickelt ist. Jeder Staat ist ein gleichberechtigtes Mitglied der Völkerfamilie, und jeder kann souverän entscheiden, welche Beziehungen er eingehen will. Drittstaaten dürfen sich nicht in seine Angelegenheiten – also auch nicht in die Außenwirtschaftspolitik – einmischen. Die kleine Schweiz und das große China sitzen als Gleiche am Tisch, wenn sie über ein Freihandelsabkommen verhandeln.

Wie wichtig das Prinzip der souveränen Gleichheit ist, zeigt sich erst, wenn es verletzt wird. Koloniale Herrschaften wurden oft durch „Schutzverträge" begründet, die – zumindest scheinbar – das Vertragsprinzip achteten. Allerdings stimmten die Völker nur selten in freier Entscheidung solchen Verträgen zu, oft wurden die lokalen Herrscher gezwungen, sich diesem „Schutz" zu unterstellen, wie z. B. in Belgisch-Kongo oder Britisch-Indien. Souveränität bedeutet insbesondere, dass ein Staat einen Vertrag auch wieder kündigen darf, aber gerade das war unmöglich: Die Kolonialmächte unterdrückten gewaltsam jeden Versuch, die „Schutzherrschaft" zu beenden. Ein souveräner Staat gestaltet seine wirtschaftlichen Beziehungen selbst; er kann hierbei durchaus mit der früheren Kolonialmacht brechen und sich neu orientieren. Barbados, Jamaica, Trinidad und Tobago sowie Guyana waren britische Kolonien, die England mit Lebensmitteln und Treibstoffen beliefern mussten. Nach ihrer Unabhängigkeit orientierten sie sich neu, schlossen Handelsverträge mit den USA und Kanada ab, und gründeten die *Caribbean Community* (CARICOM), um einen karibischen Binnenmarkt aufzubauen.[11]

Wenn die Staaten in souveräner Gleichheit verhandeln, darf kein Staat einen anderen zwingen, an einem kündbaren Vertrag festzuhalten, denn ein hierzu gezwungener Staat wäre nicht souverän. Es ist wichtig, hier zwischen humanitärem und vertraglichem Völkerrecht zu unterscheiden. Das humanitäre Völkerrecht kennt durchaus unkündbare Verträge, und das zwingende Völkerrecht ist naturrechtlich begründet. Es gilt daher immer, überall und unmittelbar; es zieht auch Kriegsverbrecher zur Verantwortung, die davon nichts wissen wollen. Handelsverträge und selbst komplexe Wirtschaftsabkommen sind jedoch durchaus kündbar. Die Vertragsparteien können den Vertrag einvernehmlich auflösen, sie können sich einigen, ihn nicht weiter zu verlängern, oder eine Partei kann unilateral den Austritt erklären. Ein souveräner Staat kann althergebrachte Vernetzungen zerschneiden, auch wenn die Trennung ihn teuer zu stehen kommt. Dafür ist kein Konsens mit den verbleibenden Vertragspartnern erforderlich. Auch die Staaten der Europäischen Union können ihre Mitgliedschaft jederzeit aufkündigen.[12]

Souveräne Staaten können und müssen selbst beurteilen, wie intensiv sie am globalen Handel teilnehmen, wie stark sie sich wirtschaftlich mit ihren Nachbarn vernetzen wollen. Sie können durchaus eine vorsichtige Außenwirtschaftspolitik betreiben oder abwarten, wie sich ihre Nachbarn entwickeln. Zwar liberalisiert die Schweiz schon 1972 den Handel mit der EWG, was Industriegüter angeht, aber der Agrarsektor bleibt geschlossen, der Personenverkehr wird kontrolliert. Sie schließt 2009 als erstes europäisches Land ein Freihandelsabkommen mit Japan, das zwar den Handel mit Industriegütern weitergehend freigibt, nicht aber den Zugang zum Arbeitsmarkt. Und obwohl der Rhein die Handelsstädte Basel und Rotterdam direkt miteinander verbindet, tritt die Schweiz der Mannheimer Akte erst 1965 bei – fast hundert Jahre nach deren Ratifikation.[13]

Kein Staat darf einem anderen verbieten, Handel zu treiben. Es ist gut möglich, dass ein Abkommen nicht zustande kommt, weil die Unterhändler sich nicht einig werden. Will aber ein Staat dem anderen – in Friedenszeiten – den Handel untersagen, verletzt er das Völkerrecht, denn solche autoritären Interventionen missachten die Souveränität des betreffenden Staates. Litauen betreibt seit 2014 ein vor seiner Küste schwimmendes Terminal für verflüssigtes Erdgas (*liquid natural gas,* LNG), weil es künftig auf russische Erdgaslieferungen verzichten will. Das große, militärisch sehr mächtige Russland mag sich darüber ärgern, kann aber nichts daran ändern. Obwohl es eine große Marinebasis in Kaliningrad betreibt, darf es weder den qatarischen Tankern noch solchen aus Drittstaaten verbieten, die Ostsee zu durchfahren und die litauische Küste anzulaufen.[14]

Auch eine hegemoniale Wirtschaftsordnung ist mit dem Prinzip souveräner Gleichheit unvereinbar. Sie zwingt kleinere oder weniger mächtige Nationen (die Satelliten), einer dominanten Macht (dem Hegemon) zuzuarbeiten. Diesem ist es gleichgültig, wie es den Satelliten dabei ergeht, sie dienen allein seinem Wohlergehen. Napoleon schuf nicht nur Phantasiegebilde wie die „cisalpinische Republik" oder das „Königreich Westfalen", die er selbst regierte bzw. von Verwandten regieren ließ. Er belohnte auch tradierte Herrschaften, wenn sie mit ihm kollaborierten, machte kleine Regionalfürsten zu Großherzögen und Königen. Widerspenstige Gebilde, wie die Freie und Hansestadt Hamburg, annektierte er einfach. Auch die nationalsozialistische Wirtschaftspolitik installierte willige Kollaborateure in Vichy-Frankreich, Serbien, Ungarn und Rumänien. Im Ostblock veranlassten Marionettenregime den „freiwilligen" Beitritt der Satellitenstaaten zum Rat für gegenseitige Wirtschaftshilfe, anschließend arbeiteten sie den wirtschaftlichen Interessen der Sowjetunion zu.

Diese Zeiten sind vorbei, und man freut sich über den Fortschritt. Auch heute noch können die Herrscher den Handelsverkehr stören, aber sie sind der Staatengemeinschaft hierfür rechenschaftspflichtig. Heute ist staatliche Macht an eine globale Struktur internationalen Rechts gebunden. Man erinnert sich an die Politiker, die die Verträge unterzeichneten, aber die klugen Akteure des Hintergrunds haben sie ausgehandelt: Wissenschaftler, Ingenieure, Fachbeamte, Diplomaten.

Man kennt sie kaum mit Namen, doch sie leben im Geist der Verträge, im Fluss der Verkehre.

Strukturen

Welthandel ist Seehandel. Etwa 80 % des internationalen Güterverkehrs wird auf Schiffen transportiert. Containerfrachter befördern Konsum- und Investitionsgüter, Tanker liefern Erdöl und Flüssiggas, Schüttgutfrachter laden metallische und mineralische Rohstoffe sowie Getreide. Die Weltmeere verbinden die Seehäfen, deren Hinterlandlogistik die Exporte heranführt bzw. die Importe ins Land verteilt. Seefracht ist konkurrenzlos billig; einen Tablet-PC von Shanghai nach Hamburg zu verschiffen, kostete 2015 genau siebzehn Eurocent. Luftfracht ist viel teurer, und ihr Volumen ist verschwindend gering im Vergleich zum globalen Seeverkehr. Daher ist sie nur für eilige Lieferungen oder sehr hochwertige Güter praktikabel. Somit hat sich seit der Antike wenig verändert: Die Hochsee trägt nach wie vor den Welthandel, alle Verkehrswege führen letztlich zum Meer.[15]

Wer die Meere beherrscht, kontrolliert daher auch den Handel. Daher störten die Seemächte bis weit ins 20. Jahrhundert hinein die Handelsschifffahrt, um missliebige Konkurrenten auszuschalten oder politische Ziele durchzusetzen, selbst wenn kein formeller Kriegszustand herrschte. Der (erste) britische navigation act von 1651 beabsichtige, den niederländischen Zwischenhandel auszuschalten, der den Güterkehr zwischen England und Kontinentaleuropa organisierte. England, Spanien und Frankreich statteten ihre Seefahrer jahrhundertelang mit Kaperbriefen aus, selbst die Verfassung der USA von 1787 legitimiert noch die Freibeuterei. Auch im 19. und 20. Jahrhundert geriet die – bis dahin nur als Völkergewohnheitsrecht anerkannte – Freiheit der Meere durch einen zunehmend aggressiven Nationalismus unter Druck.

Der maritime Güterverkehr ist daher undenkbar ohne eine fundamentale Rechtsordnung. Diese ist im Seerechtsübereinkommen von 1982 (*United Nations Conference on the Law of the Sea*, UNCLOS III) kodifiziert. Wer es nicht ratifiziert hat (wie z. B. die USA), kann sich immerhin noch auf die Genfer Seerechtskonventionen von

1958 berufen. Alle diese Abkommen definieren international verbindliche Regeln für die Schifffahrt. UNCLOS III definiert auch die ausschließlichen Wirtschaftszonen der Staaten, und es erlaubt Schiffen aller Nationen, diese Zonen sowie die Hoheitsgewässer friedlich zu durchfahren *("innocent passage")*. Daher durchfährt so manche Marine das Meer auch rein demonstrativ (*"freedom of navigation operations"*, FONOP).[16]

Der mit UNCLOS III geschaffene Internationale Seegerichtshof (*International Tribunal for the Law of the Sea*, ITLOS) hat bereits rechtskräftige Urteile in Güterverkehrssachen gefällt. Wer heute den Seeverkehr illegitim stört, ist nicht nur strafrechtlich verantwortlich, weil er (wie z. B. Piraten) andere Seefahrer nötigt, bestiehlt oder entführt. Das Völkerrecht erlaubt interventionswilligen Staaten auch, gewaltsam dagegen einzuschreiten.[17]

Investitionssicherheit erfordert Rechtssicherheit. Niemand wird in den Ausbau eines Wasserwegs investieren, einen Kanal oder einen Hafen bauen, wenn der Staat den Verkehr beliebig unterbrechen oder verteuern kann. Erst als die Mannheimer Akte einen freien und insbesondere zollfreien Verkehr auf dem Rhein gestattet, bauen die Städte und private Investoren den Wasserweg und die Binnenhäfen aus. Und erst als die damals souveränen deutschen Staaten 1834 den Deutschen Zollverein begründen und damit die Binnenzölle beseitigen, beginnen private Investoren mit dem Bau überregionaler Eisenbahnlinien.[18]

In monetärer Hinsicht ist das System von Bretton Woods untergegangen, aber manche seiner Institutionen regeln bis heute den globalen Güterverkehr. Das *General Agreement on Tariffs and Trade* (GATT) ist ein 1947 geschlossener völkerrechtlicher Vertrag, der den globalen Güterhandel organisiert. Heute wendet die 1995 gegründete Welthandelsorganisation (*World Trade Organization*, WTO) den Vertrag an, koordiniert die internationale Handelspolitik und schlichtet Streitigkeiten; ihr sind die meisten Nationalstaaten der Erde beigetreten.

Das GATT hat das Meistbegünstigungsprinzip in den internationalen Handelsverkehr eingeführt: Erleichterungen (wie z. B. Zollsenkungen), die ein Staat einem anderen einräumt, muss er auch allen Mitgliedern gewähren. Der Vertrag gilt nicht unumschränkt; auf Agrargüter ist er nur sehr begrenzt anwendbar, auch der globale Stahlhandel ist immer noch stark protektionistisch geprägt. Seit der Uruguay-Runde der WTO ergänzen drei weitere Abkommen das GATT, sie traten zwischen 1994 und 1996 in Kraft. Das GATS (*General Agreement on Trade in Services*) regelt den globalen Handel mit Dienstleistungen, das TRIPS (*Agreement on Trade-Related Aspects of Intellectual Property Rights*) denjenigen mit geistigen Eigentumsrechten (z. B. Patente und Lizenzen), und das GPA (*Government Procurement Agreement*) stellt verbindliche Richtlinien für Beschaffungen im öffentlichen Sektor auf.

Parallel zum globalen Rahmen des GATT und seiner Folgeverträge bestehen vielfältige bilaterale und multilaterale Abkommen, die nur für besondere Güter oder regionale Räume gelten. Das Multifaserabkommen von 1974 und das Welttextilabkommen von 1995 haben den globalen Bekleidungshandel weitgehend liberalisiert. Im EU-Binnenmarkt ermöglicht die Dienstleistungsrichtlinie seit 2011 einen weitgehend freien Wettbewerb, allerdings musste sich das Völkerrecht zunächst gegen nationale Widerstände durchsetzen. Die Richtlinie datiert von 2006, und die Mitgliedsstaaten sollten sie bis spätestens bis 2009 anwenden. Deutschland, Österreich und Griechenland setzten sie jedoch nur unvollständig und schleppend in nationales Recht um. Die EU-Kommission erhob Untätigkeitsklage und verhängte Zwangsgelder.[19]

Vielerorts haben komplexe völkerrechtliche Abkommen regionale Binnenmärkte geschaffen, sowohl in Europa (*Europäischer Wirtschaftsraum*, EWR) als auch in Nordamerika (*United States-Mexico-Canada Agreement*, USMCA), Südamerika (*Mercado Común del Sur*, MERCOSUR), Afrika (*African Continental Free Trade Area*, AfCFTA) und Asien (*Regional Comprehensive Economic Partnership*, RCEP; *Comprehensive and Progressive Agreement for Trans-Pacific Partnership*, CPTPP). Diese Märkte sind nach innen recht liberal gestaltet, dafür aber nach außen abgeriegelt. Die teilnehmenden Staaten haben sich gegenseitig weitreichende wirtschaftliche Freiheiten eingeräumt. Im EU-Binnenmarkt hat das Cassis-de-Dijon-Prinzip die Produktzulassung liberal geregelt: Konsumgüter, die ein Produzent in einem Mitgliedsstaat in den Handelsverkehr bringen darf, können auch in allen anderen Mitgliedsstaaten angeboten werden, ohne dass hierzu weitere (nationale) Genehmigungen nötig sind. Die EU-Mitglieder dürfen den freien Warenverkehr nur aus besonderen Gründen des öffentlichen Interesses einschränken. Das Prinzip gilt allerdings nur innerhalb des EU-Binnenmarkts, nicht hingegen im Verkehr mit Drittstaaten.[20]

Weitere völkerrechtliche Abkommen ermöglichen es auch Nichtmitgliedern, an diesen Binnenmärkten teilzuhaben. Die bilateralen Verträge integrieren die Schweiz in den EU-Binnenmarkt. Auch Liechtenstein, Norwegen und Island, die zwar der Europäischen Freihandelsassoziation (EFTA), nicht aber der EU angehören, können am EU-Binnenmarkt teilnehmen, und eine Zollunion erlaubt der Türkei, ihre Industriegüter und verarbeiteten Agrargüter dort anzubieten.

Die internationale Telekommunikation ist ohne völkerrechtliche Grundlagen undenkbar, und zwar nicht nur, weil das vierte GATS-Protokoll von 1998 alle Signatarstaaten verpflichtet, internationale Dienstleistungen hierfür bereitzustellen. Schon 1866 verlegt die *Great Eastern* – damals das größte Schiff der Welt – das erste transatlantische Unterseekabel von Irland nach Nordamerika. Dafür war die Zustimmung des damals teilautonomen Territoriums von Neufundland erforderlich. Dieses Kabel ermöglichte aber nicht nur erstmals eine Nachrichtenübertragung in Echtzeit zwischen Europa und Nordamerika, es ist auch die Keimzelle der globalen Telegraphie und Telefonie des 19. und 20. Jahrhunderts. So wie die Schifffahrt das physische Rückgrat des Welthandels bildet, so formen Unterseekabel und Satelliten dessen Nervensystem. Es ist zwar weitgehend unsichtbar, aber nur seinetwegen verbinden Internet und Satellitennavigation die Welt.[21]

Der globale Kapitalverkehr fließt heute zwar weitgehend frei, aber die Kapitalmärkte sind keine rechtsfreien Räume. Ein völkerrechtlicher Vertrag hat 1930 die Bank für Internationalen Zahlungsausgleich in Basel begründet, um die im Versailler Vertrag festgesetzten Reparationszahlungen abzuwickeln. Heute verwaltet sie als „Bank der Zentralbanken" die Währungsreserven der Mitglieder und stabilisiert das globale Finanzsystem. Innerhalb der EU regulieren umfangreiche multilaterale Vereinbarungen, wie MIFID oder die *Basel Accords* das Bankengeschäft und damit indirekt auch den Kapitalmarkt (z. B. Richtlinien 2004/39/EG; 2014/65/EU; 2006/48/EG; 2006/49/EG; 2013/36/EU). Dennoch gibt es immer noch viele regionale Investitionsverbote, die den Kapitalverkehr beschränken. Erst 2020 beendeten die Vereinigten Arabischen Emirate ihren Investitionsboykott gegen Israel; das gegen den Iran gerichtete Investitionsverbot der USA besteht bis heute. Das multilaterale Investitionsabkommen (MAI) wollte internationalen Investoren einen Rechtsweg gegen willkürliches Staatshandeln eröffnen, scheiterte aber 1998 am französischen Widerstand.[22]

Ohne Luftfahrtabkommen gibt es keinen internationalen Flugverkehr, und solange zwei benachbarte Staaten kein Arbeitsmarktabkommen schließen, können Grenzgänger nicht im jeweils anderen Land arbeiten. Die Helsinki-Schlussakte von 1975 und das Schengener Abkommen von 1992 streben einen freien europäischen Reiseverkehr an. Wenn der Nationalstaat sich allerdings weigert, deren Bestimmungen anzuwenden, ist wenig dagegen auszurichten. So hatte die Deutsche Demokratische Republik (DDR) die Helsinki-Schlussakte unterzeichnet, behandelte die Ausreiseanträge ihrer Einwohner aber höchst unterschiedlich: Reisen nach Osteuropa waren – wenn auch weitgehend visumspflichtig – möglich, Ausreiseanträge in westliche Staaten hingegen beantwortete sie mit staatlicher Repression. Selbst heute können sich die Nationalstaaten noch auf Ausnahmeklauseln berufen. Die Signatarstaaten des Schengener Abkommens können den freien Personenverkehr auch für längere Zeit aussetzen und wieder systematische Grenzkontrollen einführen. Die Juristen mahnen zwar, das sei nicht beliebig lange möglich. Es ist allerdings schwierig, den Staat zu zwingen, einmal geschlossene Grenzen wieder zu öffnen, denn noch gibt es keine internationale Gerichtsbarkeit für den Personenverkehr. Den Eingesperrten bleibt nur, vor die nationalen Verwaltungsgerichte zu ziehen, und selbst diesen mühsamen Weg können sie nur in Rechtsstaaten beschreiten. Auch heute noch gibt es vielfältige Konflikte zwischen völkerrechtlichen und nationalen Normen, insbesondere wenn das Völkerrecht einen freien Reiseverkehr anstrebt, der Nationalstaat ihn aber kontrollieren will. Der deutsche Bundesstaat darf seinen Bürgern die Einreise nicht versagen, behält sich aber vor, ihnen die Ausreise zu verbieten. Die Schweiz hindert weder eigene noch ausländische Staatsbürger an der Ausreise, aber erst 2008, als sie sich mit dem Schengenraum assoziierte, gab sie die rigiden Einreisekontrollen auf.[23]

Wer begriffen hat, dass der Welthandel auf einem völkerrechtlichen Fundament ruht, wird immun gegen manche Polemik. Die globale wirtschaftliche Vernetzung ist weder „chaotisch" noch ist sie das Werk „der Konzerne". Es stimmt zwar, dass die seit 1970 geschlossenen Freihandelsabkommen in historisch kurzer Frist und dezentral entstanden sind. Aber schon deren Vorverhandlung erfordert penible diplomatische Prozeduren, die im Wiener Übereinkommen von 1969 über das Recht der internationalen Verträge kodifiziert sind. Zunächst müssen die Staaten ihre Unterhändler legitimieren und mit den erforderlichen Vollmachten ausstatten, erst dann beginnen die eigentlichen Verhandlungen über den Vertragstext.

Anschliessend muss der ausgehandelte Text in allen Vertragsstaaten politisch legitimiert werden. Dieser Prozess ist langwierig und mühsam, aber gerade deshalb nicht chaotisch, und er wird medial begleitet. Es gibt keine Geheimdiplomatie mehr. Wer den Vertragstext kritisieren oder dessen Ratifikation verhindern will, hat im politischen Prozess reichlich Gelegenheit dazu.

Völkerrechtliche Verträge legitimieren keine bereits bestehenden wirtschaftlichen Beziehungen – sie gehen ihnen *voraus*. Sie sind es, die den heutigen Welthandel und die international tätigen Unternehmen hervorgebracht haben – und darunter finden sich nur wenige globale Konzerne, aber umso mehr exportierende Kleinbetriebe und Mittelständler. Auch wenn die Neue Linke nach Modellen einer globalen Governance sucht, um eine „gerechtere" Weltordnung zu schaffen, bleibt fraglich, wer diese Normen moralisch und rechtlich legitimieren soll. Völkerrecht wird daher auch künftig internationales Vertragsrecht sein, das von den Nationalstaaten geschaffen und getragen wird.

Auch libertäre Denker irren sich, wenn sie wirtschaftliche Strukturen nur als Ergebnis unternehmerischer und privater Initiative auffassen. Anthony de Jasay stellt stets die Frage, ob der Nationalstaat nicht überflüssig sei, schließlich könnten die Kaufleute ihre kommerziellen Angelegenheiten unter sich regeln. Sie ist einfach zu beantworten: im internationalen Umfeld nicht. Kaufleute benötigen den Staat, und zwar nicht als verbietende Instanz, sondern als Garant des Rechts.

Nationalisten irren sich ebenfalls, wenn sie das völkerrechtliche Fundament des Welthandels mit staatlichem Souveränitätsverlust gleichsetzen.

Wer an einer völkerrechtlich begründeten Wirtschaftsordnung teilnehmen will, muss sich an deren Regeln halten, muss nationale Macht an internationales Recht binden. Schon ein einfaches Freihandelsabkommen ist von diesem Gedanken durchdrungen, es führt verbindliche Regeln für alle Handelspartner ein, um einen rechtssicheren Handelsverkehr zu ermöglichen. Wer das Schengener Abkommen unterzeichnet hat, kann nicht mehr beliebig die Grenzen schließen. Nationalstaaten können ihre Souveränität auch freiwillig einschränken, um supranationale Normen unmittelbar gelten zu lassen. Die EU-Verordnungen (nicht aber die Richtlinien) gelten daher in allen Mitgliedsstaaten unmittelbar.[24]

Wenn ein Staat einen völkerrechtlichen Vertrag freiwillig abgeschlossen und ratifiziert hat, kann er kein Gesetz mehr schaffen, das diesem Vertrag entgegensteht; er hat seine Handlungsfähigkeit *selbstbestimmt beschränkt*. Gerade diese bewusste Selbstbindung weist aber auf den Gestaltungswillen und damit die Souveränität der beteiligten Staaten hin. Wer diesen Gedanken ablehnt, muss alleine wirtschaften oder bereits geschlossene Verträge wieder kündigen.

Wendepunkte

Gerade weil die Nationalstaaten souverän sind, hängt es nur von ihrer internationalen Wirtschaftspolitik ab, ob sie sich untereinander vernetzen oder sich isolieren. Diese Politik wandelt sich mit gesellschaftlichen Entwicklungen, moralischen Überzeugungen und wissenschaftlichen Erkenntnissen. Die Wirtschaftsgeschichte ist daher dynamisch, aber sie kennt keine Finalität. Und daher gibt es auch keinen linearen Trend, der einstmals isolierte Völker zu einer immer engeren und immer glücklicheren Weltunion zusammenschweißt; stattdessen wechseln sich liberale und restriktive Phasen immer wieder ab. Es ist keineswegs selbstverständlich, dass Menschen miteinander handeln, oft schon haben sie die Isolation bevorzugt.

Das assyrische Reich betreibt zunächst eine liberale Außenwirtschaftspolitik, wandelt sich aber zu einem autoritären Regime, das eine autarke Nahrungsmittelversorgung forciert und gleichzeitig aggressiv expandiert. Nach wiederholten Dürreperioden und Missernten kann es seine Bevölkerung jedoch nicht mehr ernähren; das Reich verfällt allmählich und geht schließlich im Krieg gegen die Babylonier unter.

In China löst die Öffnungspolitik der Qing-Dynastie (1644–1911) die protektionistische und isolationistische Handelspolitik der Ming-Dynastie (1368–1644) ab, dennoch gerät China nach den Opiumkriegen mit Großbritannien (1840–1842) in eine halbkoloniale Abhängigkeit von den europäischen Großmächten. Erst als Deng Xiaoping eine vorsichtige Öffnungspolitik einleitet, kann das Land die maoistische Isolation überwinden. Dennoch ist China bis heute keine liberale Volkswirtschaft. In den Sonderwirtschaftszonen und „speziellen Verwaltungsregionen" Hongkong und Macao können die Firmen wirtschaftlich frei handeln, in Festlandchina herrschen zentralistische Wirtschaftsplaner und Staatskonzerne, und der Personen- wie auch der Kapitalverkehr ist streng reguliert.

Japan treibt jahrhundertelang schwunghaften Handel mit China, es heißt im sechzehnten Jahrhundert auch die europäischen Seefahrer willkommen. Mit dem Schließungsedikt der Tokugawa-Dynastie geht es ab 1635 zu einer radikal isolationistischen Politik über, bricht alle Handelsaktivitäten ab und weist alle europäischen Kaufleute aus. Erst ab 1854, nach der gewaltsamen Öffnung des Landes durch Commodore Perry, nimmt es wieder Kontakt zur Außenwelt auf. Im Zweiten Weltkrieg versucht Japan, ein Kolonialreich in Südostasien zu errichten, aus dem es sich autark mit Rohstoffen und Lebensmitteln versorgen will. Seit der Entmilitarisierung folgt es einer pazifistischen und exportorientierten Staatsdoktrin, die dennoch stark nationalistisch geprägt ist.

Nach der Teilung des Römischen Reiches im Jahr 395 entwickeln sich West- und Ostrom unterschiedlich. Während das Weströmische Reich infolge der Völkerwanderung zerbricht, bleibt Ostrom politisch stabil, und es hält den Handel mit den östlichen Reichen aufrecht. Ab dem sechsten Jahrhundert kehrt sich die Entwicklung um; im Westen beendet die Herrschaft der Merowinger die schriftlosen „dunklen Jahrhunderte", und unter den Karolingern entstehen wieder rudimentäre Handelswege, die Königspfalzen und Klöster verbinden. Ostrom erlebt unter Kaiser Justinian eine letzte Blütephase, danach verfällt es allmählich dem politischen und wirtschaftlichen Einfluss seiner Nachbarn, schließlich tilgen es die Osmanen vollends von der Landkarte.

Großbritannien war bis 1820 alles andere als liberal. Zwar gibt es schon seit dem vierzehnten Jahrhundert keine Binnenzölle mehr, jedoch propagiert Elisabeth I. eine merkantilistische, gegen Spanien und die Niederlande gerichtete Politik, die die eigenen Kaufleute protegiert, die ausländischen hingegen gewaltsam vom Welthandel ausschließt. Der (zweite) *navigation act* von 1660 begründet ein Kolonialsystem, das darauf abzielt, England autark mit Nahrungsmitteln zu versorgen und seine handelspolitische Dominanz zu sichern. Erst im 19. Jahrhundert entwickelt sich eine liberale Wirtschaftspolitik; die *anti-corn law league* fordert 1846 die Abschaffung von Handelszöllen. Diese Phase endet jedoch bereits 1918 wieder. Bis in die 1960er Jahre werden Güter- und Kapitalverkehr penibel kontrolliert. Mit dem Betritt zur EWG 1973 wendet sich Großbritannien von dieser Politik wieder ab, ist unter Margaret Thatcher ausgesprochen wirtschaftsliberal, verlässt aber 2020 den Europäischen Binnenmarkt.

In Deutschland fällt die liberale, exportorientierte Wirtschaftsordnung des Bundesstaats von 1871 der autoritären Planwirtschaft des Ersten Weltkriegs zum Opfer. Die Weltwirtschaftskrise beendet abrupt den Aufschwung der 1920er Jahre, bestehende Außenhandelsbeziehungen und Kapitalströme reißen ab. Die nationalsozialistische Wirtschaftspolitik unterjocht die europäischen Staaten in einem brutalen Hegemonialsystem, um eine autarke Nahrungsmittel- und Rohstoffversorgung durchzusetzen, aber diese bleibt illusorisch. Das demokratische Deutschland integriert sich wieder in die westlichen Strukturen und erzielt hohe Außenhandelsüberschüsse, aber dennoch sind seine Einwohner wirtschaftlich nur so frei, wie eine umfassende staatliche Regulierung es gestattet.

In Frankreich fechten rivalisierende Dynastien jahrhundertelang blutige Kämpfe aus, das Land ist im sechzehnten Jahrhundert wirtschaftlich fragmentiert. Erst die absolutistischen Herrscher beseitigen die Binnenzölle. Sie organisieren die Wirtschaft nach merkantilistischen Prinzipien; diese prägen bis heute die französische Wirtschaftspolitik. Sie wollen Importe möglichst vermeiden, nationale Betriebe hingegen fördern, sodass sie möglichst viel exportieren können – nicht zuletzt um dem Zentralstaat weltpolitische Geltung zu verschaffen. Die Bevölkerung versorgt sich aus dem eigenen Land und den Kolonien. Noch 1945 fordert Charles de Gaulle, das Kolonialreich müsse auch in der Nachkriegsordnung weiterexistieren; selbst die blutigen und erfolglosen Kriege in Vietnam und Algerien bringen ihn nicht davon ab. Als Frankreich 1957 der EWG beitritt, muss es seine Politik liberalisieren, aber bis heute subventioniert es die produzierende Industrie und hält an einer zentralstaatlich geplanten Wirtschaftsstruktur fest.[25]

Russland ist bis zu den Reformen Peters I. technologisch rückständig, am wirtschaftlichen Austausch mit Europa nimmt es kaum teil. Danach modernisiert es sich jedoch und baut seine Handelsbeziehungen aus, aber der Erste Weltkrieg durchtrennt sie wieder. Die kommunistische Diktatur strebt eine autarke landwirtschaftliche Versorgung an und schafft eine staatlich kontrollierte, aber technologisch leistungsfähige Schwerindustrie. Seit den 1990er Jahren wird sie von Oligarchen kontrolliert. Die zeitgenössische Wirtschaftspolitik ist äußerst widersprüchlich. In den Nullerjahren nationalisiert Russland die mit westlichen Firmen gegründeten Joint Ventures, öffnet aber gleichzeitig die Nordostpassage für den Seehandel. Es lässt sich nicht von westlichen Sanktionen beeindrucken, die die Annexion der Krim sanktionieren, baut aber gleichzeitig neue Pipelines nach Zentraleuropa.[26]

Die USA unterhalten nach ihrer Unabhängigkeit bis 1820 intensive Handelsbeziehungen mit Frankreich, aber danach wechseln sich liberale und protektionistische Phasen immer wieder ab. In der Weltwirtschaftskrise reduzieren sie die wirtschaftlichen Beziehungen mit Europa, schaffen aber 1944 eine neue Weltwirtschaftsordnung. In den 1990er Jahren befürworten sie den Freihandel, aber seit 2016 herrschen wieder protektionistische Töne vor. Trotz eines jährlichen Handelsbilanzdefizits von bis zu 100 Mrd. US-$ beginnen die USA einen Handelskrieg mit China, greifen zunehmend dirigistisch in die Außenwirtschaft ein und verweigern sich vertieften wirtschaftlichen Beziehungen mit den pazifischen Anrainern.[27]

Argentinien und Venezuela sind noch um 1900 reiche Einwanderungsländer, aber sie degenerieren zu autoritär regierten, verarmten Hochinflationsländern, denen die Menschen davonlaufen. In Chile schließlich herrscht vollkommene Verwirrung; es ist unter der Präsidentschaft Salvador Allendes demokratisch verfasst, betreibt aber eine sozialistische Wirtschaftspolitik und verstaatlicht Rohstoffproduzenten, während die nachfolgende Diktatur Pinochets die Menschenrechte mit Füßen tritt, aber die liberale Marktwirtschaft einführt.

Nachdem die Sowjetunion sich 1991 aufgelöst hatte, verkündigte so mancher das Ende der Geschichte: Endlich habe die Menschheit die merkantilistische und imperialistische Phase überwunden, die faschistischen und kommunistischen Ideologien besiegt. Marx habe richtig gedacht; die Geschichte strebe tatsächlich einer Finalität zu, nur ganz anders als er glaube. Nicht die kommunistische, sondern die liberale Weltanschauung habe sich durchgesetzt. So mancher bejubelte schon eine neokonservative Utopie: Unter einer ewigen *Pax Americana* schritte die wirtschaftliche Vernetzung der freiheitlichen Staaten immer weiter voran; sie regelten ihre Beziehungen nicht länger außenpolitisch, sondern sähen sich als Verwalter einer globalen Innenpolitik. Konflikte entstünden nur noch mit denjenigen, die die westlichen Freiheiten negierten. Um sie kümmere sich die Weltpolizei; jedenfalls sei die wirtschaftliche Systemfrage entschieden.

Diese Hypothesen entsprangen einer kurzlebigen, positivistischen Dekade; einem enormen Fortschrittsglauben, dem des späten neunzehnten Jahrhunderts nicht unähnlich. Er manifestierte sich in den wirtschaftspolitischen Ideen des *Washington Consensus*: Globaler Freihandel, unbeschränkter Kapitalverkehr, deregulierte und entbürokratisierte Märkte. Kurz darauf aber kippt die Stimmung. Die Asienkrise zeigt 1997 und 1998 die Grenzen dieser Politik auf, und 2001 demonstrieren in Göteborg, Genua und Brüssel erstmals Menschen gegen die EU-Erweiterung und – gedanklich diffus, dafür umso radikaler – gegen „die Globalisierung". Auch einige Ökonomen behaupten heute, die wirtschaftliche Vernetzung der Welt sei zu schnell, zu unsozial, zu umweltschädlich erfolgt. Und die ganz Radikalen rufen: Sie löse keine Probleme, sondern schaffe sie erst.[28]

Noch in den Nullerjahren wurden solche Ansichten höchstens in soziologischen Seminaren diskutiert, aber heute sind sie politisch mehrheitsfähig geworden. So mancher fürchtet heute, in einer offenen Welt zu kurz zu kommen. Der Imperialismus wiederhole sich quasi mit umgekehrtem Vorzeichen, aufstrebende Nationen sicherten sich aggressiv die knappen Rohstoffe, sodass nicht nur die Weltmarktpreise explodierten, sondern auch die westliche Versorgung gefährdet sei. Die international arbeitsteilige Weltwirtschaft sei auf eine komplexe Logistik und offene Handelswege angewiesen. Schon die Seeblockaden des Ersten Weltkriegs zeigten, wie verwundbar globale Transportwege seien, und auch heute sei der Seeverkehr an seinen geographischen Engstellen (*„choke points"*) leicht zu unterbrechen. Man müsse sich daher wieder selbst versorgen und Reserven anlegen, notfalls auch die Bevölkerung hungern lassen, anstatt sich von ausländischen Lieferanten abhängig zu machen. Es sei auch gefährlich, technische Netze überschreitend zu verbinden, ausländische Betreiber könnten jederzeit den Hahn abdrehen, und lokale technische Störungen könnten Kettenreaktionen im gesamten Netz verursachen.[29]

Auch die Zivilgesellschaft sieht die wirtschaftliche Vernetzung der Welt immer kritischer. Unternehmer könnten widerspenstige Arbeiter jederzeit durch gehorsame Ausländer ersetzen oder die Arbeitsplätze in Billiglohnländer verlagern. Die internationale Arbeitsmigration habe die sozialen Errungenschaften des 20. Jahrhunderts aufgeweicht, eine neue „Serviceklasse" entstehen lassen, deren Angehörige nur noch prekär leben, kaum mehr als den Mindestlohn verdienen könnten. Die öffentliche Meinung in Europa reagiert immer aggressiver und emotionaler auf internationale Handelsabkommen. CETA, ein komplexes Freihandelsabkommen zwischen der EU und Kanada, scheiterte fast am „Chlorhuhn". Die Schweiz schloss ein umfassendes Freihandelsabkommen mit Indonesien ab – viele riefen „Palmöl" und verlangten eine Volksabstimmung.[30]

Wer solche Schlagwörter verwendet, ist davon überzeugt, dass die Weltwirtschaft prinzipiell amoralisch sei. Das Ausland habe häufig niedrigere Qualitätsstandards, daher seien dessen Produkte gesundheitsgefährdend. Textilien und elektronische Geräte würden in ausbeuterischen Verhältnissen produziert, globale Konzerne übten postkoloniale Herrschaft aus. Lokale Bauern seien gezwungen, die Preise und Konditionen internationaler Großhändler hinzunehmen. Halbfertigprodukte reisten um die halbe Welt, nur um private Gewinne zu optimieren. Die CO_2-Bilanz importierter Lebensmittel wie auch diejenige der globalen Transportketten sei verheerend, daher müsse der Import verboten oder verteuert, der regionale Konsum hingegen gefördert werden. Nicht zuletzt der Lockdown habe gezeigt, dass die Umwelt sich erhole, wenn Containerfrachter stillstünden und Touristenmassen ausblieben.[31]

In den USA, Großbritannien und der Schweiz mehren sich die Stimmen, es sei besser, nur einzelne Freihandelsabkommen zu schließen statt an Binnenmärkten teilzunehmen und sich deren Regelwerk zu unterwerfen; der Staat müsse handlungsfähig bleiben, dürfe sich nicht völkerrechtlich binden lassen. Gerne könne man einen freien Güterhandel vereinbaren, aber die Migration müsse man streng kontrollieren, auch die Dumpingpreise ausländischer Dienstleister dürfe man nicht dulden.

In Großbritannien fasste der Slogan „*take back control*" diese Geisteshaltung knapp zusammen: Die Kontrolle über das eigene Schicksal sei verlorengegangen, man müsse sie „wiedergewinnen", dürfe sich nicht von internationalen Normen binden lassen. So mancher ließ sich davon überzeugen; und das Vereinigte Königreich ist sich seither nicht mehr einig. 2016 unterliegen Schottland, Nordirland und die City of London, die vom EU-Binnenmarkt profitieren, in einem Referendum einer knappen Mehrheit, die austreten will.

Zwischen 2014 und 2020 stimmen die Schweizer über drei Initiativen ab, die eine Kündigung der bilateralen Verträge billigend in Kauf nehmen oder sie gar anstreben. Eine davon wird angenommen, den anderen stimmen fast 40 % der Wähler zu, und 2018 meint immerhin noch ein Drittel, völkerrechtliche Verträge seien nationalem Recht unterzuordnen und, falls hiermit unvereinbar, zu kündigen.

Frankreich setzt das Schengener Abkommen seit 2015 immer wieder außer Kraft, aber die Bevölkerung protestiert kaum dagegen. Viele Politiker glauben heute, es sei gefährlich, der freie Personenverkehr bedrohe die innere Sicherheit, fördere die grenzüberschreitende Kriminalität und den Terrorismus. Auch den globalen Lockdown deuten sie sicherheitspolitisch um: Endlich einmal seien die Kriminaltouristen ferngeblieben, die Flüchtlingswellen verebbt, warum nicht so weitermachen. Schon den 1990er Jahren propagierte Jean-Marie Le Pen eine harte Migrationspolitik – damals war er nur eine Randnotiz der Geschichte, aber heute gewinnt seine Tochter Marie mit dem gleichen Motiv etliche Wahlen.[32]

Wer so argumentiert, hat ein grundsätzlich anderes Staats- und Rechtsverständnis: Der Staat gehört dann nicht länger einer internationalen Rechtsordnung an, deren Regeln er respektiert. Vielmehr kontrolliert, beschränkt und verbietet er alle Bewegungen und wirtschaftlichen Beziehungen, die nach seinem eigenen Ermessen unerwünscht sind. Er muss daher definieren, welcher Verkehr wie stark beschränkt wird, und er muss eine Bürokratie schaffen, die diese Verbote anwendet. Die Einwohner sind daher wirtschaftlich nur noch so frei, wie diese bürokratische Verwaltung es gestattet, denn individuelle Freiheit und staatliche Wirtschaftsplanung sind logisch unvereinbar. Solange die Grenzen offen sind, müssen sich die Einwohner damit jedoch nicht abfinden, stattdessen können sie ins Ausland abwandern oder die benötigten Ressourcen von dort importieren. Daher muss der Staat die Einwohner zwingen, sich zu fügen, indem er die Grenzen schließt und den gesamten Waren- und Reiseverkehr kontrolliert: Nur was der Staat bewilligt hat, darf passieren, ansonsten kommt nichts hinein und niemand hinaus.[33]

Anmerkungen
1. Zum fränkischen Schwertexport im Frühmittelalter vgl. Schmidt (2006: 24), zum wirtschaftlichen Austausch in der Ur- und Frühgeschichte vgl. Cameron (1993), Pare (2017), Rondo & Neal (2003).
2. Coates Ulrichsen (2016) kommentiert das Öl- und Gasgeschäft des Mittleren Ostens seit 1970. Illustrationen postkolonialer Regime liefern Henderson & Singer (2000).
3. Zur Phase der „trente glorieuses" vgl. Fourastié (1979), zur Entdeckung der Auslandsinvestitionen als neue Wachstumsquelle vgl. Johanson & Vahlne (1977). Zum amerikanisch-chinesischen Handel seit 1970 siehe Schmidt & Heilmann (2012). Von der Auflösung des monetären Systems von Bretton Woods und dem erfolglosen Rettungsversuch durch das Smithsonian Agreement erzählen Bordo & Eichengreen (1993). Die folgende Entwicklung der Weltwirtschaftsordnung kommentiert Helleiner (1994). Zur Entwicklung des Devisenhandels vgl. Harvey (2013).
4. Das exponentielle Wachstum der Freihandelsabkommen zeigen Dür et al. (2014). Mit Ausnahme der Finanzkrise 2009 ist der Welt-

wohlstand seit 1970 stetig gewachsen, aber nicht in allen Ländern gleichermaßen, vgl. Deaton (2013), Zucman (2019). Zum Problem niedriger Volkseinkommen trotz umfassender Faktorausstattung siehe Acemoglu & Robinson (2012).
5. Umfangreiche Statistiken illustrieren diese Vernetzung, siehe World Bank (2020e). Zur Geschichte dieser Entwicklung vgl. O'Rourke & Williamson (2000) sowie Hesse & Teupe (2019). Zur Containerschifffahrt vgl. Rodrigue (2020).
6. Zur Utopie des marxistischen Gesellschaftsziels und seinen Vorläufern in der Ideengeschichte vgl. Fromm (1961) und Lovell (2004). Von zivilisationsmüden Bewunderern solche Gemeinschaften erzählt z. B. Buhl (2011). Plakative Beispiele, wie autoritäre Regime ihren Gegnern die Lebensgrundlagen entziehen, zeigt Coppa (2006).
7. Dieser Briefwechsel zwischen Hattušili III. und Kadašman-Enlil II. ist dokumentiert in Klinkott et al. (2007). Die Autoren beleuchten viele weitere Beispiele wirtschaftlicher Organisation und Vernetzung in der Antike.
8. Salop & Scheffman (1983) beschreiben, wie nationale Interessengruppen auf Politiker einwirken, damit sie Regulierung schaffen, die die Produktionskosten der unliebsamen Konkurrenz erhöht und so deren Wettbewerbsvorteil zunichtemacht. Vaubel (2008, 2009) zeigt historische und zeitgenössische Fallstudien dieser Mechanik.
9. Das aus dem römischen Recht überlieferte Prinzip der Vertragstreue findet auch im öffentlichen und Staatsvertragsrecht Anwendung (Art. 26 des Wiener Übereinkommens über das Recht der Verträge). Nicht alle völkerrechtlichen Normen sind schriftlich kodifiziert, und auch einige nichtstaatliche Völkerrechtssubjekte nehmen am Rechtsverkehr teil, vgl. Diggelmann (2018). In der Schweiz wird die Transformation auch „Verzahnung" genannt. Deutschland folgt ebenfalls der dualistischen Praxis, sodass die Umsetzung eines „politischen" völkerrechtlichen Vertrags ein Bundesgesetz erfordert (Art. 59 Abs. 2 GG); es hängt vom jeweiligen Handelsvertrag ab, inwiefern diese Prozedur erforderlich ist.
10. Das heutige Bundesland Rheinland-Pfalz hat die linksrheinische Pfalz, die von 1814 bis 1946 bayerisches Staatsgebiet war, sowie

den südlichen Teil der zwischen 1815 und 1945 bestehenden preussischen Rheinprovinz absorbiert, das heutige Bundesland Nordrhein-Westfalen gliederte deren nördlichen Teil ein. Das Großherzogtum Baden ist zunächst in der Republik Baden (1918–1945) aufgegangen, diese wiederum in den Ländern (Süd-)Baden und Württemberg-Baden (1945 bzw. 1946–1952), diese wiederum im 1952 gegründeten Südweststaat (Land Baden-Württemberg). Das Großherzogtum Hessen(-Darmstadt) ist zunächst im Volksstaat Hessen (1919–1945), dieser im Wesentlichen im heutigen Bundesland Hessen aufgegangen.

11. Queen Victoria nimmt erstmals den Titel *Empress of India* an. Noch ihr Urenkel George VI. nennt sich bis 1947 Kaiser (und nicht etwa König) von Indien, weil die regionalen Monarchien zumindest formal weiterexistieren (Riddick, 2006). Zur Geschichte kolonialer Aufstände und deren Unterdrückung z. B. Likaka (2009), Gott (2011). Zu den napoleonischen Satellitenstaaten und ihrer profranzösischen Wirtschaftspolitik vgl. Grab (2003), Broers (2014). Die Datenbank www.tradingeconomics.com zeigt die heutige wie auch die historische Außenwirtschaftsstruktur aller Staaten.
12. Rechtsgrundlage für den Austritt ist Art. 50 AEUV. Mit dem Brexit kam dieser Artikel erstmals zur Anwendung. Zur rechtlichen Problematik siehe Lippert (2020).
13. Die Europäische Wirtschaftsgemeinschaft (EWG) war die Vorläuferorganisation der heutigen EU. Zum politischen Argument der „vollständigen" Integration vgl. Enderlein et al. (2017). Zu den Motiven des verzögerten Beitritts der Schweiz zur Mannheimer Akte vgl. Nicklas (2018).
14. In Kriegszeiten gestatten sowohl die Haager Landkriegsordnung wie auch die Londoner Seerechtskonvention allen kriegführenden Mächten, den Seeverkehr auch gewaltsam zu unterbinden. Die baltischen Staaten versuchen bereits seit ihrer Unabhängigkeit, die einseitige Abhängigkeit von russischen Erdgaslieferungen zu beenden. Zum litauischen LNG-Terminal siehe Mišík & Prachárová (2016).
15. Ca. 80 % des globalen Handelsvolumens wird per Schiff transportiert (UNCTAD, 2018), wobei den asiatischen Häfen zentrale

Bedeutung zukommt (UNCTAD, 2020). Die Kostenschätzung des PC-Transports haben Stadt und Hafen Hamburg 2015 errechnet („Die Welt in der Kiste", vgl. https://www.hamburg.de/info/8302/hamburger-hafen-infografik/).
16. Am Beispiel der englischen Freibeuter erklärt Andrews (1966) die staatliche Förderung der Kaperei, die Passage in der amerikanischen Verfassung von 1787 findet sich in art. 1 sct. 8. UNCLOS III hat die ausschließliche Wirtschaftszone der Nationalstaaten auf 200 Seemeilen ab der Küstenlinie festgesetzt und somit die Freiheit der Meere reduziert, nicht zuletzt um regionale Auseinandersetzungen um Fischerei- und Abbaurechte zu beenden und ein neues System der Konfliktlösung zu schaffen. Zu solchen Konflikten unter den Genfer Seerechtskonventionen vgl. Klein (2005).
17. Das Tribunal befasst sich insbesondere mit Fällen, in denen Handelsschiffe festgesetzt oder beschlagnahmt werden, exemplarisch hierzu etwa The M/T „San Padre Pio" Case (Switzerland vs. Nigeria), ITLOS Provisional Measures, case no. 27/2019. Die gegen die Piraterie vor der somalischen Küste gerichtete Operation ATALANTA der EU-NAVFOR war durch Art. 100 ff. UNCLOS III sowie eine entsprechende UN-Resolution legitimiert (United Nations, 2011).
18. Der deutsche Zollverein schuf einen rechtssicheren, überregionalen Wirtschaftsraum, der wiederum den Eisenbahnbau begünstigte, vgl. Dumke (1984).
19. Zur zögerlichen Umsetzung der EU-Dienstleistungsrichtlinie 2006/123/EG vgl. Rudolph (2014), zu ähnlichen Problemen im grenzüberschreitenden Schienenverkehr vgl. EU (2003).
20. Die Datenbank www.ftavis.com visualisiert dynamisch eine Teilmenge der zwischen 1947 und 2016 abgeschlossenen Freihandelsabkommen. Zur Liberalisierung des globalen Textilmarkts vgl. WTO (2020a). Das Cassis-de-Dijon-Prinzip geht auf ein Urteil des Europäischen Gerichtshofs vom 20. Februar 1979 zurück (Rechtssache 120/78). Es ist eine essentielle Rechtsgrundlage zur Durchsetzung des freien Warenverkehrs im EU-Binnenmarkt. Die Schweiz übernahm es 2009 in ihr Gesetz über die technischen Handelshemmnisse (Art. 16a-16e THG, SR 946.51).

21. Die Newyork, Newfoundland & London Telegraph Company verlegte das erste atlantische Unterseekabel. Die teilautonome Regierung Neufundlands gewährte der Firma entsprechende Landrechte (Legislator of Newfoundland, 1854). Die Rolle der Seekabel als Rückgrat der globalen Kommunikation beschreibt Chesnoy (2015), die Seite https://atlantic-cable.com/ stellt anschaulich die technische Entwicklung dar. Zu den Anfängen der Satellitenkommunikation sowie zu ihrer Bedeutung für die Seefahrt vgl. Teunissen & Montenbruck (2017).
22. Zentralbanken werden erst im 20. Jahrhundert zu wichtigen Akteuren der Geldpolitik und Finanzmarktstabilität (Capie et al., 1994).
23. Zum deutschen Reiserecht vgl. Art. 10 PassG. Art. 23–29 des Schengener Grenzkodex (Verordnung EU/2016/399) erlauben den am Schengenraum teilnehmenden Staaten unter gewissen Voraussetzungen, temporär wieder systematische Binnengrenzkontrollen einzufügen. Allerdings sind beliebig lange Grenzschließungen ohne plausible Begründung als staatliches Unrecht zu werten (Thym & Bornemann, 2021).
24. Thesen einer „chaotischen" oder „autoritären" Vernetzung stellen z. B. Chomsky (1999), Barša (2000) oder Bruff & Tansel (2019) auf. Die soziologischen Hintergründe des empfundenen Kontrollverlusts erklären O'Reilly et al. (2016) und Ramswell (2017). Zur libertären Ablehnung staatlicher und internationaler Normen vgl. de Jasay (1985). Zum Unterschied zwischen EU-Richtlinien und EU-Verordnungen vgl. Arndt et al. (2010).
25. Zur merkantilistischen Industriepolitik vgl. Kolb (2015), Tilly (2015).
26. Zur widersprüchlichen russischen Politik im regionalen Seeverkehr und Energiesektor vgl. Keupp (2015).
27. Zur Darstellung protektionistischer Argumente und ihrer Ideengeschichte aus einer amerikanischen Perspektive vgl. Hudson (1992, 2010).
28. Zu Fukuyamas These vom „Ende der Geschichte" vgl. Jordan (2009). Die Programmatik des Washington Consensus und seine Anwendung durch Weltbank und IMF kommentieren Moosa &

Moosa (2019). Zur frühen ökonomischen Kritik an der wirtschaftlichen Integration der Welt vgl. Chomsky (1999) und Stiglitz (2002), zu heutigen Positionen z. B. Piketty (2014).
29. Zur erhöhten Energienachfrage der asiatischen Länder vgl. IEA (2020). Die wirtschaftlichen Folgen historischer Seeblockaden erläutert z. B. Osborne (2013). Die nationalkonservative Staatsrechtslehre argumentiert, der Staat dürfe nicht nur den Gehorsam, sondern auch das Leben seiner Bürger fordern („Bürgeropfer", z. B. Depenheuer, 2007). Befürchtungen regionaler Verkehrsblockaden äußern z. B. Michel (2020), Wirth & Schatz (2020).
30. Bina (2004) dokumentiert die moderne Verwendung des marxistischen Begriffs der „industriellen Reservearmee". Zum Phänomen der „working poor" vgl. Kim (1998), Lohmann (2009).
31. Einen Zusammenhang zwischen Welthandel und Umweltverschmutzung vermuten z. B. Lin et al. (2014) und Walker et al. (2019). Die langfristigen ökologischen Auswirkungen des Lockdowns diskutieren Bhat et al. (2021).
32. Die Abstimmungsergebnisse in der Schweiz dokumentiert die Bundeskanzlei (2020). Will (2015) und die Schweizerische Vereinigung für Internationales Recht (2017) diskutieren die Konsequenzen einer Rückabwicklung völkerrechtlicher Normen im heutigen Handels- und Personenverkehr. Zur sicherheitspolitischen Umdeutung des Lockdowns vgl. Dellasega & Vorrath (2020).
33. Zur Unvereinbarkeit der Systeme vgl. Röpke (1958). Immer wieder in der Geschichte haben die Menschen autoritäres Staatshandeln mit Abwanderungsbewegungen beantwortet. Illustrationen hierzu liefern Raeff (1990), Ash & Söllner (2002). Tiebout (1956) erarbeitete systematisch den Mechanismus der „Abstimmung mit den Füßen", Hirschman (1970) und Warren (2011) zeigen dessen Folgen für Staatsorganisation und Wirtschaftspolitik auf.

Zwang

Durst

Man sitzt am Rhein und liest: Das Süßwasser werde knapp, bald schon habe man Kriege ums Wasser, Unruhen und Flüchtlingswellen zu erwarten. Auf diesen Schreck möchte man gleich etwas Rheinwasser auf Vorrat trinken. Aber was in Basel möglich ist, verursacht Bauchschmerzen in Rotterdam. Der Wasserkreislauf ist zwar planetar – Wasser als solches geht nicht verloren, auch nicht bei wachsender Weltbevölkerung, es wechselt nur seinen Aggregatzustand. Sauberes und keimfreies Süßwasser ist jedoch ein wertvolles Lebensmittel und daher knapp, denn natürliche Süßwasserquellen sind rar und ungleich verteilt. Und selbst dieses Wasser muss filtriert und entkeimt werden, bevor es trinkbar ist, Meerwasser muss ebenfalls filtriert und entsalzt werden. Selbst Regen- oder Grundwasser ist durch atmosphärische Partikel oder ausgewaschene Stoffe verunreinigt und daher nicht ohne Weiteres trinkbar. Die römischen Legionäre tranken daher mit starkem Essig versetztes Wasser (*posca*). Bis ins späte 19. Jahrhundert misstrauten die Menschen dem Süßwasser. Stattdessen setzten sie auf Dünnbier, schwachen Wein oder Tee.[1]

So mancher Politiker glaubt, es sei riskant, sich von ausländischen Wasserlieferungen abhängig zu machen. Der Nachbar missbrauche sie vielleicht als Druckmittel, oder er sei zu nachlässig, um die Lebensmittelqualität des Wassers zu gewährleisten. Singapur denkt heute wieder so. Obwohl der Stadtstaat sein Trinkwasser schon seit 1961 per Pipeline aus dem benachbarten Malaysia bezieht, will er den Vertrag bis 2060 auslaufen lassen. Schon ab 2022 soll die Bevölkerung stattdessen aufbereitetes Abwasser („*NEWater*") trinken. Das Experiment ist gewagt, denn geologisch gesehen leben die knapp sechs Millionen Einwohner auf einem nackten Felsen ohne nennenswerte Süßwasservorkommen.[2]

Bei offenen Grenzen brauchen sie diese Politik jedoch nicht mitzutragen. Sie könnten abgefülltes Flaschenwasser importieren, wenn ihnen das Staatswasser nicht zusagt. Auch wenn der Staat solche Importe mit hohen Zöllen belastet, vermindert sich der Konsum nicht, denn Trinkwasser ist die unverzichtbare Grundlage menschlichen Lebens. Der Staat muss daher private Trinkwasserimporte vollständig verbieten, wenn er autark sein will, und daher ist auch jeder Export untersagt. Sofern nationale Unternehmen heimisches Wasser abfüllen und verkaufen, dürfen sie nur die eigenen Einwohner beliefern. Ihren Angestellten ist die Ausreise verboten, denn die nationale Versorgungssicherheit ist kompromittiert, falls sie nicht zurückkehren sollten. Ausländische Investitionen in die nationale Wasserversorgung sind streng verboten. Nur staatlich geprüfte Inlandsfirmen dürfen das nationale Wassernetz instandhalten. Die staatliche Trinkwasserbürokratie misst laufend den nationalen Verbrauch. Arbeitsmigration gestattet sie nur insofern, als die nationalen Wasserreserven auch die Zuwanderer versorgen können.

Dennoch kann kein Staat kann seine Bevölkerung autark versorgen, wenn die natürlichen Süßwasserquellen unzureichend sind, denn die physikalische Realität der Wasserbilanz lässt sich nicht wegdiskutieren. Sie vergleicht die Wassermenge, die auf dem Staatsgebiet vorhanden ist, dorthin zufließt und darauf abregnet mit der derjenigen, die abfließt und verdunstet. Als Saldo ergibt sich die nationalerneuerbare Wasserreserve, aus welcher die Bevölkerung trinken kann. Staaten, die reich an natürlichen Gewässern, aber nur dünn besiedelt sind (z. B. Finnland,

Irland), haben stets eine positive Wasserbilanz. Andere – bei weitem nicht nur Wüstenstaaten – haben nur geringe Wasserreserven oder eine große Bevölkerung, sodass sie Trinkwasser importieren oder Meerwasser entsalzen müssen (z. B. Saudi-Arabien, Singapur). Tab. 1 verdeutlicht die extremen Unterschiede.

Selbst wenn ein Land große Süßwasservorkommen hat, benötigt es immer noch technische Infrastrukturen, die das Wasser aufbereiten und den Verbrauchern zuleiten. Die Hälfte der Weltbevölkerung hat derzeit keinen Zugang zu sauberem Trinkwasser, obwohl die betreffenden Länder mehrheitlich wasserreich sind, weil diese Infrastruktur fehlt. Aktivisten, die das Geschäft mit abgefülltem Trinkwasser in Entwicklungsländern anprangern, übersehen oft, dass private Angebote immer dann entstehen, wenn staatliche Leistungen mangelhaft sind oder fehlen. Tansania könnte seine Bevölkerung problemlos mit Süßwasser versorgen, wären da nicht korrupte Bürokraten und staatliche Fehlinvestitionen, die längst projektierte Infrastrukturen verhindern.[3]

Auch große Reservoirs können vertrocknen, wenn sie industriell genutzt werden oder das lokale Klima sich verändert. Der Aralsee war ursprünglich etwa 68.000 km² groß. Die Sowjetunion nutzte ihn jahrzehntelang, um Baumwollplantagen in Zentralasien zu bewässern. Heute ist der See vollständig vertrocknet. Der Klimawandel lässt neue Reservoirs in bereits wasserreichen Staaten entstehen, während

Tab. 1 Nationalerneuerbare Wasserreserven für ausgewählte Staaten

Wasserreiche Staaten	m³/Jahr/Person	Wasserarme Staaten	m³/Jahr/Person
Kanada	92.662	Kuwait	10
Peru	62.973	Vereinigte Arabische Emirate	48
Kolumbien	50.180	Qatar	84
Brasilien	31.795	Libyen	112
Russland	29.642	Malta	128
Indonesien	13.381	Jordanien	172
USA	7153	Bahrain	181
China	2245	Israel	266
Indien	1249	Djibouti	418

Quelle: FAO (2003), World Bank (2020a)

wasserarme Staaten zu lebensfeindlichen Wüsten werden. Forscher erwarten, dass die Gletscherschmelze in den Alpen noch im 21. Jahrhundert bis zu 600 neue Seen erschafft, während Andalusien im 22. Jahrhundert unbewohnbar sein wird. Isolierte Staaten sind anfälliger für solche Risiken. Um 1965 litt Hongkong unter außergewöhnlich intensiven Dürreperioden, sodass die britische Kolonialregierung gezwungen war, Trinkwasser aus Rotchina zu beziehen. Es floss nur an bestimmten Tagen und auch dann nur stundenweise, sodass die Bevölkerung stets Wasservorräte anlegen musste. Auch in weniger entwickelten Landstrichen und urbanen Slums sowie im subsaharischen Afrika wird Trinkwasser regelmässig rationiert.[4]

Menschliches Leben ist unmöglich ohne Trinkwasserversorgung, höchstens ein temporärer Verzicht ist vorstellbar, solange abgefüllte Getränke verfügbar sind. Danach muss ein abgeschotteter Staat die verfügbaren Reserven rationieren. Er kann bestimmte Verbraucher (z. B. Polizisten oder Verwaltungsbürokraten) bevorzugen, oder er weist alle unerwünschten Einwohner aus und verteilt die eingesparte Wassermenge unter der verbleibenden Bevölkerung. Auch ein neuer Straftatbestand namens „Wasserverschwendung" ist denkbar: Einwohner, die Trinkwasser nicht nur für den unmittelbaren Lebenserhalt verwenden, werden verhaftet. Die Polizei kontrolliert entsprechend die Privaträumlichkeiten.

Technologische Lösungen sind verträglicher für den sozialen Frieden. Natürliche Süßwasserquellen sind knapp, aber Abwasser lässt sich aufbereiten, und Meerwasser ist unbegrenzt verfügbar. Diese Überlegung ist keineswegs neu. Schon heute trinkt die Bevölkerung vieler urbaner Räume aufbereitetes Abwasser oder entsalztes Meerwasser, weil die natürlichen Quellen unzureichend sind. Allerdings ist diese Versorgung technologisch komplex und kapitalintensiv, daher ist ein Kubikmeter Trinkwasser in Singapur zwischen 80 % und 260 % teurer als in der Schweiz. Dennoch ist die lokale Trinkwasserproduktion vielerorts so günstig, dass ein globaler Wasserhandel mit Tankschiffen und einer Hinterlandlogistik, die das Volumen überregional verteilt, (noch) nicht rentabel ist.[5]

Ingenieure haben einfachere technologische Lösungen entwickelt. Natrium- und Calciumhypochlorit desinfizieren Rohwasser, ebenso wie UV-C-Strahlung. Wer nicht über entsprechende Chemikalien bzw.

Leuchtmittel verfügt, aber in heißen Regionen der Erde lebt, kann Rohwasser auch in transparente Plastikflaschen abfüllen und diese in die pralle Sonne legen. Wellblechdächer fangen Regenwasser auf und leiten es in Tongefäße mit mehrstufigen Kies-, Sand- und Tonfiltern. In Staustufen arrangierte Pflanzen bereiten Abwasser auf, und dank der Ultrafiltration ist auch verschmutztes Wasser direkt trinkbar, weil feine Membranen alle Partikel und Mikroorganismen zurückhalten.

Die großindustrielle UV-Desinfektion wird derzeit zwar erprobt, aber solche alternativen Techniken können höchstens kleinere Siedlungen versorgen. Ultrafiltriertes Wasser fließt nur langsam, weil es vielfach überlagerte Filtermembranen passieren muss. Können die Einwohner diese Membranen nicht selbst produzieren, sind sie zwar nicht länger von importiertem Wasser, wohl aber von ausländischer Technologie abhängig. Die UV-Desinfektion kommt zwar ohne Technik aus, aber selbst in Äquatornähe dauert es sechs Stunden, bis zwei Liter desinfiziert sind; bei Bewölkung auch einige Tage. Die Phytoreinigung erfordert spezielle klimatische Bedingungen und große Landflächen, wenn sie viele Menschen versorgen soll, während gesammeltes Regenwasser zwar filtriert, aber nicht zwingend keimfrei ist, vor allem dann nicht, wenn es länger steht.[6]

Schließlich ist die gewaltsame Aneignung von Wasserreserven denkbar, z. B. indem der Staat das benötigte Trinkwasser ableitet, bevor es zum Nachbarn fließt, oder indem er höhergelegene Reservoirs baut, auch wenn die tieferliegenden Felder des Nachbarn dann vertrocknen. Wo das Trinkwasser knapp ist, erzeugen solche Projekte politische Spannungen, so etwa unter den Anrainerstaaten des Jordan. Auch der Sudan, der Südsudan und Ägypten streiten sich um Wassernutzungsrechte am Oberlauf des Nils. Indien droht chinesischen Stromproduzenten, die den Brahmaputra umleiten wollen. Wer eine autarke Versorgung anstrebt, muss sich daher möglicherweise militant mit dem Nachbarn auseinandersetzen.

Nur Staaten, die über große natürliche Reservoirs verfügen oder die benötigten Mengen technisch erzeugen, sind auch imstande, ihre Einwohner autark zu versorgen. Dennoch ist diese Strategie riskant, denn nun muss der Staat um jeden Preis die Reservoirs sauber und die technischen Anlagen betriebsbereit halten. Schon in kleinen Dörfern ist es lästig, wenn der Bauer zu viel gedüngt und dadurch das Grundwasser verschmutzt hat. Die Dorfbewohner müssen dann ihr Wasser abkochen oder im Supermarkt kaufen. Das Technische Hilfswerk kann, zumindest in Deutschland, einige Tage lang auch größere Siedlungen temporär mit Wasser versorgen, nicht jedoch eine Großstadt.

Eine isolierte Wasserversorgung, die eine autarke Versorgung realisieren will, ist daher verwundbar und daher auch ein attraktives Angriffsziel. Zwar verbieten die Artikel 22 und 23 der Haager Landkriegsordnung jeder kriegführenden Partei, die Lebensgrundlagen der feindlichen Zivilbevölkerung zu zerstören, aber irreguläre Akteure und Terroristen kümmern sich wenig darum. Der libysche Bürgerkrieg zerstörte 2011 die Infrastrukturen der zivilen Wasserversorgung, und Tankschiffe mussten über 340 t Trinkwasser liefern, um die Bevölkerung zu versorgen. Staaten, die sich autark versorgen wollen, müssen ihre Infrastrukturen daher teuer schützen, aber wenn ein Angriff dennoch erfolgreich ist, stehen sie den Konsequenzen hilflos gegenüber.[7]

Hunger

In diesem seltsamen März beobachtet man zuhause, was man bisher nur aus dystopischen Filmen oder Entwicklungsländern kannte. Einige Tage lang stockt der internationale Güterverkehr in Europa, kilometerweit stauen sich die LKWs an den Grenzübergängen, auch solche mit Nahrungsmitteln. Nach wenigen Stunden haben Prepper den Supermarkt leergekauft, fanatisch verteidigen sie das kostbare Toilettenpapier gegen missgünstige Konkurrenten. Traurig stehen die leeren Regale da. Schilder vor dem Eingang verkünden: *Die Versorgung ist gewährleistet.* Man überlegt, handschriftlich einen Halbsatz anzufügen: *... solange die Grenzen offen bleiben.*[8]

Wenn ein Staat seine Bevölkerung autark ernähren will, muss er die Scholle vollständig einzäunen. Die Bauern dürfen tierische und pflanzliche Nahrungsmittel nur auf dem eigenen Staatsgebiet und nur mit heimischen Pflanzen, Düngemitteln und Viehrassen erzeugen. Sie dürfen auch nur lokale Wasserquellen nutzen, um die Felder zu bewässern und das Vieh zu tränken.

Es ist ihnen verboten, organische Düngemittel wie Gips oder Gülle zu importieren. Das Gleiche gilt für anorganische Dünger, insbesondere Phosphor, sowie für alle Pestizide. Sie dürfen weder Erntemaschinen noch Traktoren ausländischer Herkunft kaufen oder ausländische Landarbeiter und Metzger anwerben. Die Grenzpolizei kontrolliert den gesamten privaten und gewerblichen Verkehr auf verbotene Lebensmittel- und Maschinenimporte. Wer schmuggelt, wird streng bestraft.

Die Agrarbürokratie kontrolliert laufend, wie die Einwohner sich ernähren, und sie vergleicht die landwirtschaftliche Produktion mit den Versorgungszielen. Niemand darf Nahrungsmittel exportieren, solange der inländische Bedarf nicht vollständig gedeckt ist. Arbeitsmigration ist nur solange zulässig, wie die lokale Landwirtschaft die Zuwanderer ernähren kann.

Die Bauern dürfen nicht ausreisen, weil sie die landwirtschaftliche Produktion sichern müssen. Jeder Export ist ihnen verboten, stattdessen haben sie ihre gesamte Ernte den staatlichen Agenturen abzuliefern. Was diese nicht direkt an die Bevölkerung verteilen, füllt die staatlichen Vorratslager. Wer dennoch ausreist oder Lebensmittel schwarz verkauft, wird enteignet, der Hof dem politisch zuverlässigeren Nachbarn übertragen.

Viele Staaten können ihre Bevölkerung nicht mehr ernähren, wenn sie ihre Landwirtschaft abschotten, denn die physikalischen Realitäten können sie nicht umgehen. Bei mittlerer Bewegungsintensität benötigen erwachsene Männer (Frauen, Kinder) etwa 2700 (2100, 1900) Kilokalorien pro Tag. Daher lässt sich die für eine autarke Versorgung erforderliche Energiemenge anhand der Bevölkerungsstruktur abschätzen. Der international vergleichbare Selbstversorgungsgrad (*self sufficiency ratio*, SSR) gibt an, inwiefern diese Energiemenge nur mit nationalen Ressourcen erzeugt werden kann. Ein Staat kann seine Bevölkerung prinzipiell autark ernähren, wenn der Quotient mindestens 100 % beträgt. Tab. 2 zeigt, wer dazu am ehesten bzw. kaum imstande ist.[9]

Allerdings garantiert auch ein Quotient von über 100 % keine gesunde Ernährung. In Frankreich produziert die lokale Landwirtschaft zwar 180 % der Getreide- und 134 % der Milchnachfrage, aber nur 71 % des Gemüse- und 57 % des Früchteangebots. Die Schweiz

Tab. 2 Selbstversorgungsgrade ausgewählter Länder und Gebiete

Land	SSR (%)	Land	SSR (%)
Island	246	Gambia	51
Neuseeland	179	Jordanien	49
Uruguay	170	Bahamas	49
Bulgarien	155	Botswana	46
Kanada	153	Oman	45
Ukraine	147	Montenegro	44
Costa Rica	146	Malediven	43
Paraguay	144	Neukaledonien	40
Australien	139	Kapverden	38
Argentinien	136	Trinidad und Tobago	37
Ungarn	136	Jemen	33
Litauen	134	Malta	33
Moldawien	134	Saudi-Arabien	31
Ecuador	132	Irak	30
Kasachstan	130	Kuwait	22
Kiribati	130	Antigua und Barbuda	21
Lettland	129	Vereinigte Arabische Emirate	18
Estland	128	Hongkong	7
Serbien	122	Djibouti	6
Thailand	120	Macao	3

Quelle: FAO (2021).

produziert etwa 50 % des Gemüseangebots selbst, allerdings ist dessen Saatgut vollständig importiert.

Ist der Quotient kleiner als 100 %, benötigt der betreffende Staat einen Handelspartner, der nicht nur Überschüsse erzeugt, sondern diese auch exportiert. Die Auswahl ist begrenzt. Nur wenige Staaten können sich selbst versorgen und zudem noch Überschüsse erwirtschaften. Sie verfügen über große und dünn besiedelte Landflächen, die eine industrielle Landwirtschaft ermöglichen (z. B. Kanada, USA, Ukraine), oder sie können dank günstiger Klimate mehrmals jährlich ernten (z. B. Kenia, Äthiopien, Indonesien, Thailand). Diese Staaten produzieren aber nicht alle Nahrungsmittel gleichermaßen, sondern nur, was sich klimatisch oder ökonomisch besonders für sie lohnt. Kanada und die Ukraine beliefern den Weltmarkt mit Weizen. Brasilien spezialisiert sich auf Raps und Zuckerrohr, Côte d'Ivoire auf Kakao, und Neuseeland auf die Milchwirtschaft.[10]

Die Erträge des heutigen Pflanzenbaus sind ohne anorganische Düngemittel nicht zu erreichen. Heute hat Phosphor den früher verwendeten Nitratdünger fast vollständig abgelöst, aber die Vorkommen sind global sehr ungleich verteilt. Es ist zwar technisch möglich, Phosphor aus Abwässern und Klärschlamm zurückzugewinnen, aber noch sind die Importe nicht vollständig zu ersetzen. Tab. 3 zeigt die größten Exporteure sowie die größten Landwirtschaften, die auf Phosphordünger angewiesen sind.[11]

Die Schweiz erzeugt zwar genügend tierische Nahrungsmittel für den eigenen Verbrauch – aber nur dank importierter Futtermittel, ansonsten läge der Selbstversorgungsgrad bei 76 %. Sojabohnen sind heute eines der wichtigsten Futtermittel in der industriellen Landwirtschaft, aber nicht jedes Land erzeugt sie selbst. Tab. 4 zeigt, dass das Weltangebot überwiegend aus den großen amerikanischen Flächenstaaten stammt.

Tab. 3 Ausgewählte Nettoexporteure und Nettoimporteure von Phosphor

Nettoexporteur	1000 t	Nettoimporteur	1000 t
Marokko	17.841	Indien	2807
USA	6135	China	1602
Russland	1741	Brasilien	1276
Tunesien	1113	Pakistan	720
Ukraine	592	Frankreich	693
Jordanien	579	Australien	637
Südafrika	514	Italien	574

Quelle: FAO (2020a).

Tab. 4 Ausgewählte Nettoexporteure und Nettoimporteure von Sojabohnen

Nettoexporteur	1000 t	Nettoimporteur	1000 t
Brasilien	67.902	China	97.945
USA	54.670	Mexico	4342
Paraguay	6112	Spanien	3382
Argentinien	5503	Japan	3212
Kanada	4122	Deutschland	2897
Uruguay	3248	Niederlande	2799
Ukraine	2856	Thailand	2732

Quelle: FAO (2020b).

Ein Staat, der sich um jeden Preis autark ernähren will, könnte seine Bevölkerung zunächst zwingen, importierte durch lokale Nahrungsmittel zu ersetzen, also z. B. mit Kartoffelstärke statt mit Weizenmehl zu backen oder Sauerkraut statt Südfrüchte zu essen, um Vitamin C aufzunehmen. Da die Fleischproduktion indirekt die menschliche Ernährung konkurrenziert – um ein Kilogramm Fleisch (Fisch) zu erzeugen, sind etwa zehn (vier) Kilogramm pflanzliche Futtermittel erforderlich – könnte der Staat auch seine Bauern zwingen, alle Nutztiere zu schlachten und danach die Bevölkerung nur noch vegetarisch zu versorgen. Diese Substitution ist allerdings ineffizient, weil nicht alle zur Viehzucht eingesetzten Futtermittel auch für den menschlichen Konsum geeignet sind (z. B. Küchenabfälle, Futtermais).

Wenn diese Maßnahmen nicht ausreichen, weist der Staat die ausländische Wohnbevölkerung aus oder setzt sie auf Hungerrationen, damit die eigenen Staatsangehörigen genug zu essen haben. Die Landwirtschaftsbürokratie überwacht den Vollzug. Danach muss auch die inländische Bevölkerung hungern. Sie erhält Nahrungsmittel nur noch gegen staatliche Gutscheine und nur in staatlich festgesetzten Mengen und Zeiträumen. Um die Bevölkerung von privaten Einkaufsfahrten ins Ausland abzuhalten, riegelt die Grenzpolizei alle Straßenübergänge wie auch die grünen Grenzen hermetisch ab. Dennoch entstehen innerhalb kürzester Zeit überall Schwarzmärkte, auf denen geschmuggelte ausländische Nahrungsmittel – gegen entsprechenden Aufpreis – erhältlich sind. Einwohner, deren Einkommen nicht ausreicht, um die Schmuggelware zu bezahlen, können nur noch essen, was der Staat ihnen zuteilt.

Tatkräftige Einwohner könnten sich dann als individuelle Selbstversorger probieren, wenn sie weder die staatliche Mangelernährung tolerieren noch Schwarzmarktpreise bezahlen wollen. So mancher jubelt, schon ein minimaler Landbesitz und die eigene Muskelkraft versorgten eine ganze Familie, zudem lebe man gesünder und umweltverträglicher. Die radikalsten dieser Stimmen orientieren sich wieder an den Artamanen, propagieren ein ethnisch homogenes Bullerbü hinter Stacheldraht: Was sei denn so schlimm an einer Volksgemeinschaft, die frei siedelt und selbst erzeugt, was sie benötigt, die den urbanen Massen beispielhaft vorangeht? Man schaudert.[12]

Technologische Umwälzungen, verheerende Kriege oder gesellschaftliche Krisen veranlassen so manchen, die (vermeintliche) Idylle vorindustrieller Gemeinschaften anzupreisen. Schon um 1810 sieht der englische Dichter William Wordsworth gnädig über die napoleonische Gewaltherrschaft in Europa und das Elend der (Kinder-)Arbeiter in den heimischen Fabriken hinweg, wenn er den Lake District beschreibt als „eine Republik von Schäfern und Landwirten", deren Pflug dem Erhalt der eigenen Familien diene, deren Kühe sie mit Milch und Käse versorgten, und deren Land seit über fünfhundert Jahren in erblichem Besitz sei.[13]

Landwirtschaft hat aber mit Romantik nichts zu tun, vor allem dann nicht, wenn sie auf jeglichen Maschineneinsatz verzichtet. Dann nämlich müssen die Selbstversorger körperliche Schwerstarbeit leisten, das tradierte Handwerk neu erlernen und eine verkürzte Lebenserwartung hinnehmen. Die wenigsten Städter werden hierzu willens und in der Lage sein. Freien Menschen kann jedoch niemand untersagen, autark zu leben, vorausgesetzt, sie können Land, Hof, Tiere und Saatgut erben oder finanzieren. Mühsam ringen sie dem Land die Frucht ab, haben aber zu essen – für sich und ihre Familien. Überschüsse erwirtschaftet diese Produktion nicht. Aber wer versorgt dann die Städte? Das ist nicht etwa ein neuzeitliches Problem, es war schon in der Antike und im Mittelalter nicht anders. Um 1328 hat Paris etwa hunderttausend Einwohner, ist aber schon damals auf Lebensmittelimporte angewiesen. Im vierzehnten Jahrhundert – also in einer Epoche, die keine Lebensmittelverschwendung kennt und nur mit natürlichen Ressourcen wirtschaftet – konsumiert eine Provinzstadt von etwa dreitausend Einwohnern bereits über eintausend Tonnen Getreide pro Jahr, für dessen Anbau eine Ackerfläche von etwa 3200 Hektar erforderlich ist. Nicht immer war die lokale Umgebung fähig, diese Mengen zu produzieren. Flandern – damals nicht nur dem französischen Königreich lehnspflichtig, sondern auch die am stärksten industrialisierte und urbanisierte Region Europas – musste Nahrungsmittel aus dem Hennegau, Brabant und dem Rheinland importieren. Wenn immer die Ernten schlecht ausfielen oder die Transportwege unterbrochen waren, stiegen die Lebensmittelpreise in den Städten; nicht selten kam es zu Hungerrevolten. Heute hat das

Arrondissement Île-de-France zwar eine ausgeprägte, industrielle Landwirtschaft, aber seine zwölf Millionen Einwohner kann es dennoch nicht selbst ernähren. Importe aus anderen französischen Regionen und dem Ausland sichern die Versorgung.[14]

Der autoritäre Staat löst solche Probleme gewaltsam: Wenn die Stadtbewohner sich nicht selbst ernähren können oder widerspenstig sind, werden sie aufs Land deportiert. Die Roten Khmer waren berüchtigt für solche Zwangsumsiedelungen. Am Beispiel einer deutschen Großstadt wird schnell deutlich, wozu diese Politik führt. Falls die Einwohner Kölns sich künftig als Selbstversorger durchschlagen müssten, benötigen sie eine Ackerfläche, die etwa 25 % größer als das städtische Siedlungsgebiet ist. München ist viel dichter besiedelt als Köln; seine Einwohner bräuchten bereits die doppelte Fläche, um sich autark zu ernähren. In die Stadt zurückkehren können sie nicht, denn leider musste sie abgerissen werden, um Ackerland für die Selbstversorger zu schaffen. Sie könnten zwar andere Einwohner vertreiben oder die umliegenden Wälder abholzen, um Platz zu schaffen, aber selbst dann müssen sie erst ihre Landwirtschaft aufbauen. Selbst wenn sie schließlich produktiv arbeiten und sich selbst versorgen, ist der ehemalige städtische Wohlstand zerfallen, denn die Selbstversorger haben keine Zeit mehr, um hochwertigere Produkte und Dienstleistungen zu schaffen, und auch keine Stadt mehr, in der sie solchen Tätigkeiten nachgehen könnten.[15]

Skrupellose Regime zwingen die Landbevölkerung, die Städte zu versorgen, auch wenn sie selbst dabei verhungert. Zwischen 1917 und 1921 verweigern sich die russischen und ukrainischen Bauern den Plänen der Bolschewiki, das kommunistische Paradies zu errichten, haben ihnen aber militärisch nichts entgegenzusetzen. Lenin beschlagnahmt erstmals systematisch Lebensmittel, was zwar die Versorgung der Städte sichert, auf dem Land aber Millionen Menschen verhungern lässt. So mancher knechtet daher nicht die eigenen Bauern, sondern diejenigen des Nachbarn. Nach dem ptolemäischen Krieg verleibte sich das Römische Reich den ägyptischen Getreideanbau ein, um damit seine Städte dauerhaft zu ernähren. Diese Strategie ist allerdings riskant, weil die unterworfene Bevölkerung gezwungen wird, die gewünschten Nahrungsmittel zu produzieren und an die Besatzer abzuliefern. Die Produktion ist daher nicht nur ineffizient, sie wird auch sabotiert.[16]

Es sei aber auch vorstellbar, die landwirtschaftliche Produktion mittels „urban gardening" direkt in die Städte zu bringen, kontert so mancher, denn Ackerbau und Viehzucht ließen sich auch im urbanen Raum betreiben. Die Idee ist zunächst nicht so abwegig, wie sie scheint. Bis ins 19. Jahrhundert hielt die Stadtbevölkerung auch Nutztiere (z. B. Schweine, Hühner) innerhalb der Stadtmauern und zog Gemüse in Beeten vor oder hinter dem Haus. Noch im 20. Jahrhundert ist die Taubenzucht weit verbreitet – nicht zur Briefzustellung, sondern als Proteinquelle.[17]

Diese städtische Versorgung sollte allerdings die ländliche nicht ersetzen, sondern ergänzen. Die Ernährung einer Großstadt per „urban gardening" erfordert viel drastischere Massnahmen, denn heutige Städte sind nicht nur größer, sondern auch viel dichter bevölkert als früher. Der Stadtrat muss daher ein feudales Regime errichten, wenn er alle Stadtbewohner autark versorgen will. Menschen, die landwirtschaftliche Kenntnisse haben, über einen Balkon, eine Dachterrasse, einen Hinterhof verfügen, werden zu „Stadtbauern" ernannt. Sie müssen diese Flächen sowie die abgeholzten Stadtparks nutzen, um Lebensmittel anzubauen und so die restlichen Einwohner zu versorgen. Sie dürfen die Stadt nicht mehr verlassen, ihre privaten und beruflichen Wünsche haben entsprechend zurückzustehen. Weigern sie sich oder versuchen sie zu fliehen, wird ihre Ration gekürzt. Kleintiere sichern die Proteinversorgung, daher hat jeder sie zu züchten, die Polizei kontrolliert die Wohnungen entsprechend. Alle Stadtbewohner unterstützen den Anbau, indem sie ihre anderweitigen beruflichen Tätigkeiten reduzieren. Wenn die Versorgungslage dann immer noch unbefriedigend ist, werden politisch unerwünschte Einwohner aus der Stadt vertrieben, und zwar solange, bis die Lebensmittelproduktion die verbleibenden Einwohner ernähren kann.

Wer fordert, die Stadtbevölkerung solle sich selbst ernähren, führt die Bindung an die Scholle wieder ein, nur mit vertauschten Vorzeichen. Auf dem Land versorgen sich die autarken Freibauern selbst, aber die Stadt wird feudal beherrscht: Stadtbauern seid ihr, und Stadtbauern werdet ihr bleiben, um es mit Richard II. zu sagen.[18]

Die Antike phantasierte nicht darüber, wie man sich individuell selbst versorgen könnte; ihr war die Bedeutung der Städte unmittelbar bewusst: Sie bauen Häfen, verbreiten Nachrichten, schaffen Kultur und Bildung, erzeugen Produkte hoher Wertschöpfung. Eine urbane Zivilisation ist aber nur überlebensfähig, wenn Stadt und Land sich arbeitsteilig organisieren. Das Land baut Feldfrüchte an, züchtet Vieh, verkauft beides in der Stadt und ernährt somit deren Einwohner.

Die europäischen Adelsgeschlechter brauchten etwas länger, um das zu begreifen. Ihnen dämmert es erst im Hochmittelalter, dass sie nicht nur Klöster, sondern auch Städte benötigen, wenn sie ihre Herrschaftsgebiete politisch sichern und wirtschaftlich entwickeln wollen. Dann aber gründen sie vom 12. bis zum 15. Jahrhundert viele neue Städte und statten sie reichlich mit Privilegien aus. Die bäuerliche Bevölkerung kann nun dem Feudalsystem entfliehen, indem sie abwandert: Stadtluft macht frei. Die Städte nutzen die zuwandernden Arbeitskräfte, um sich wirtschaftlich zu entwickeln.[19]

Aber selbst wenn die Städter freiwillig gärtnern, ist ihre Versorgungslage fraglich. Schon oft haben sie „*urban gardening*" betrieben, wenn sie zu verhungern drohten. Im abgeholzten Berliner Tiergarten bauen sie zwar Kartoffeln und Gemüse an, aber im Hungerwinter 1945/1946 sterben dennoch viele entkräftete Menschen, die sich im kriegszerstörten Europa nicht mehr selbst ernähren können. Am ehesten überlebt noch, wer aufs Land fahren und dort Wertsachen gegen Lebensmittel eintauschen kann. In der Schweiz steigerte der während des Zweiten Weltkriegs lancierte „Plan Wahlen" den Selbstversorgungsgrad lediglich von 52 % auf 56 % – obwohl die damalige Bevölkerung nur halb so groß und halb so stark urbanisiert wie heute war. Diese „Anbauschlacht" wandelte zwar – durchaus medienwirksam – städtische Grünflächen in Kartoffeläcker um, aber eine autarke Landesversorgung schuf sie nicht. Schon ab 1942 wurde die Milch- und Fleischversorgung staatlich rationiert, und noch 1948 waren Grundnahrungsmittel nur gegen Lebensmittelkarten erhältlich.[20]

Seit 2018 leben erstmals mehr Menschen in Städten als auf dem Land. Die Weltbevölkerung wächst bis 2050 auf zehn Milliarden Menschen an. Zwei Drittel davon werden in Metropolen und urbanen Großräumen leben. Wer soll sie ernähren? Thomas Malthus warnte schon 1798, eine globale Hungerkatastrophe sei unvermeidlich, weil die Weltbevölkerung geometrisch, der Landwirtschaftsertrag aber nur linear wachse. Allerdings unterschätzte er den technologischen Fortschritt. Die

Menschheit hat sich in den letzten 150 Jahren zwar versiebenfacht, aber ihre Landwirtschaft ist auch immer produktiver geworden. Der durchschnittliche Hektarertrag ist heute zwei- bis viermal so groß wie noch vor hundert Jahren. Allein seit 1990 ist er um über 20 % gestiegen. Dieser Produktivitätsgewinn hat zunächst nichts mit der Abholzung der Regenwälder zu tun. Tropische Böden sind karg, es wachsen auch nur wenige, klimatisch angepasste Nutzpflanzen darauf. Wohl aber erfordert er den systematischen Einsatz von Pestiziden, ansonsten sinkt der Ertrag um bis zu 30 %, und zwar unabhängig von der Anbaumethode. Wer den Einsatz chemischer Pestizide kritisiert, darf nicht übersehen, dass „biologisch" arbeitende Bauern bis zu 50 % weniger ernten, wenn sie darauf verzichten, ihre Pflanzen mit Kupferverbindungen – d. h. mit Schwermetallionen, die für Wasserlebewesen hochtoxisch sind – zu besprühen.[21]

Nur eine maschinell betriebene Landwirtschaft wird eine wachsende Weltbevölkerung zuverlässig ernähren können. Um eine Kalorie an Nährwert zu produzieren, sind derzeit etwa zehn Kalorien maschineller Antriebsenergie erforderlich, und zwar unabhängig davon, ob diese aus fossilen oder erneuerbaren Quellen stammt. Wer das für „unnatürlich" hält, möge bedenken, dass menschliche Landwirtschaft *an sich* unnatürlich ist.

Seit der Jungsteinzeit greifen Menschen in die natürlichen Ökosysteme der Erde ein. Sie roden Urwälder, legen Sümpfe trocken, düngen Böden. Ihre Feldfrüchte entziehen dem Boden fortlaufend Nährstoffe, denn nur so können sie wachsen, Samen tragen und Knollen bilden. Jeder landwirtschaftlich genutzte Boden laugt schnell aus, wenn er nicht ständig gedüngt oder im Fruchtwechsel bewirtschaftet wird. Die heutigen Landschaftsräume sind daher keineswegs „natürlich", sondern technologisch erzeugte Kulturlandschaften; ein menschenleeres Mitteleuropa wäre von Urwäldern und Sümpfen bedeckt.

Menschen züchten außerdem Süßgräser (z. B. Weizen, Mais oder Reis), um deren Samen robuster und ertragreicher zu machen und hiermit sich selbst und ihr Vieh zu ernähren. Sie verändern damit auch das Genom der natürlichen Sorten. Beispielsweise ist Reis eigentlich eine Trockenpflanze. Sie wurde aber so gezüchtet, dass sie im stehenden Wasser angebaut und so vor Insektenfrass an den Wurzeln geschützt werden kann. Karotten sind eigentlich nicht orange, sondern weiss oder violett. Die heute beliebten Sorten entstammen einer Wilhelm I. von Oranien gewidmeten Züchtung.

Die meisten Nationalstaaten sind weder heute noch zukünftig imstande, ihre Bevölkerung autark zu ernähren. Der Ertragskraft der Böden sind biochemische, der Landesfläche völkerrechtliche, dem Klima physikalische Grenzen gesetzt. Daher haftet die Bevölkerung mit Leib und Leben für natürlich bedingte Ernteeinbußen wie auch für bürokratische Fehlplanungen. Europa überwindet seine Hungersnöte und Mangelerkrankungen nicht deshalb, weil die Menschen sich selbst versorgen, sondern weil sie amerikanische Neophyten importieren und anpflanzen: Mais, Tomaten und Kartoffeln.[22]

Stillstand

Man kann nicht immer nur Radfahren. Manchmal braucht man ein Auto. Zudem will man im Winter nicht frieren, Laptop und Leselampe einschalten, etwas aus dem Kühlschrank naschen. Die antiken Zivilisationen nutzten menschliche und tierische Muskelkraft als Energiequelle, aber das heutige Leben ist undenkbar ohne künstliches Licht, wetterunabhängige Wärme, maschinelle Arbeit und Elektrizität.

Ein Staat ist dann energieautark, wenn er die hierfür benötigte Energie nur aus inländischen Primärenergieträgern erzeugen kann. Erdgas, Erdöl und Kohle sind fossil und daher begrenzt, wohingegen Solar- und Windenergie erneuerbar und prinzipiell überall und unbegrenzt verfügbar sind. Wasserkraft ist ebenfalls umweltfreundlich, aber nur regional nutzbar. Die Holz- und Müllverbrennung spielt nur eine untergeordnete Rolle, nicht aber die Energieproduktion aus angereichertem Uran. Nur wenige Staaten können sowohl ihren Energiebedarf selbst decken als auch Überschüsse exportieren. In einigen Ländern ist der Saldo ausgeglichen, aber alle anderen sind auf Handelspartner angewiesen. Tab. 5 nennt für jede Gruppe einige Beispiele. Ein negativer Saldo zeigt, dass ein Land mehr Energie erzeugt bzw. Primärenergieträger fördert als es selbst verbrauchen kann.[23]

Tab. 5 Energie-Importabhängigkeit in % des eigenen Energieverbrauchs

Land	Importabhängigkeit (%)
Südsudan	−1058
Norwegen	−583
Angola	−541
Kongo-Brazzaville	−497
Qatar	−399
Kuwait	−391
Niger	−6
Malaysia	−6
Dänemark	1
Kongo-Kinshasa	2
Estland	3
Äthiopien	6
Moldawien	90
Marokko	91
Japan	94
Zypern	94
Luxemburg	96
Jordanien	97
Singapur	98
Libanon	98
Malta	98

Quelle: World Bank (2020c).

Nicht nur Ölvorkommen, auch günstige Topographien können ein Land zumindest teilweise energieautark machen. Gebirgige und von mächtigen Strömen durchflossene Staaten haben auf die Wasserkraft gesetzt und daher im 20. Jahrhundert große Stauwerke errichtet: Die Grande Dixence in der Schweiz sowie die Dämme von Itaipú (Brasilien), Nurek (Tadschikistan), Guri (Venezuela), Assuan (Ägypten) und Inga (Kongo-Kinshasa). Sie alle ermöglichen die großindustrielle Nutzung der Wasserkraft, gestalten aber auch den Naturraum tiefgreifend um. Albanien, Norwegen, Paraguay, Nepal und Kongo-Kinshasa erzeugen heute ihre gesamte Elektrizität nur aus Wasserkraft, die Schweiz über die Hälfte.[24]

Ein Staat, der vom erdgeschichtlichen Zufall nicht begünstigt wurde, aber dennoch autark sein will, muss zunächst jeden Energieexport kategorisch unterbinden. Die Energieproduktion aller nationalen

Kraftwerke darf nur den eignen Einwohnern zugutekommen. Daher ist es nicht nur verboten, Primärenergieträger auszuführen, sondern auch Energiespeicher (z. B. Batterien, Akkus), ebenso darf niemand Primärenergieträger oder aus ihnen erzeugte Energie importieren. Die Grenzpolizei kontrolliert den gesamten Reise- und Güterverkehr entsprechend. Schnittstellen zu ausländischen Energieversorgungs- und Stromnetzen sind zu trennen, grenzüberschreitende Kraftwerke müssen annektiert oder abgebrochen werden. Die Energiebürokratie berechnet laufend, ob die nationale Energieproduktion auch für einwandernde Arbeitskräfte ausreicht, ansonsten erteilt sie keine Einreisevisa mehr. Ingenieure und Facharbeiter, die im Energiesektor arbeiten, dürfen nicht ausreisen, da das nationale Interesse an einer stabilen Energieversorgung vorrangig ist.

Selbst wenn eine rein nationale Energieversorgung möglich ist, bezahlen die Konsumenten mitunter teuer dafür. Die USA verfügen über unkonventionelle Öl- und Gasvorkommen. Ab 2035 könnten sie ohne Energieimporte auskommen. Der Abbau ist aber nicht nur mit Umweltrisiken verbunden, auch die Produktionskosten sind etwa zehnmal höher als in Saudi-Arabien. Der Ölpreis ist zudem sehr volatil, sodass die Produzenten kaum längerfristig planen können. Im Sommer 2007 erreichte er einen historischen Höhepunkt, infolge des globalen Lockdowns fiel er im April 2020 auf null und kurzzeitig sogar darunter. Öl war gratis zu haben, und die Gewässer vor den Handelshäfen waren überfüllt mit Tankern, deren Ladung nicht länger gefragt war.

Nationale Energieproduzenten rufen daher rasch nach Subventionen, wenn der Weltmarktpreis sinkt. Die Konsumenten bezahlen daher teuer für eine autarke Versorgung, entweder durch direkte Energiesteuern oder kleingedruckte Zuschläge auf ihrer Stromrechnung, die sie selten nachvollziehen können. Die deutsche Braun- und Steinkohleindustrie war zu Weltmarktpreisen nie konkurrenzfähig, verfügte aber über hervorragende Lobbyisten. Der Staat subventionierte die Förderung jahrzehntelang, erst 2018 lief sie aus.[25]

Kann der Staat die nationale Energienachfrage nicht decken, könnte er die Einwohner zwingen, sie zu reduzieren. Privatpersonen dürfen dann keine Motorfahrzeuge mehr betreiben, sie müssen auf energieintensive Konsumgüter verzichten, und sie dürfen nur eine staatlich festgesetzte Energiemenge verbrauchen. Die Energiebürokratie misst ständig den Verbrauch, kontrolliert verdächtige Wohnräume, schaltet unerlaubte Stromverbraucher ab und legt illegal betriebene Fahrzeuge still. Sie kann den Energiekonsum auch rationieren, statt ihn gänzlich zu verbieten. Die Einwohner erhalten dann zwar Strom oder Treibstoffe, aber weniger als sie benötigen, und sie müssen sich mitunter lange gedulden. Die Industrie kann nur noch produzieren, wenn sie Zuteilungen erhält. Die Produktion dauert daher nicht nur länger, auch ihre Qualität verschlechtert sich. Einwohner, die sich nicht mit der Rationierung abfinden wollen, gehen in den Untergrund und bauen dort geheime Lager auf, außerdem schmuggeln sie Energieträger ins Land und verkaufen sie teuer auf dem Schwarzmarkt.[26]

Der Staat könnte auch versuchen, knappe durch reichlich vorhandene Energieträger zu ersetzen, um sich von Importen unabhängig zu machen. Allerdings stößt er dabei schnell an physikalische und wirtschaftliche Grenzen. Wer kein Erdöl besitzt und es auch nicht importieren will, könnte Erdgas verbrennen und Druckgasmotoren bauen, um die PKWs anzutreiben. Wer sie lieber mit Brennstoffzellen antreiben will, verwendet auch gerne Erdgas, denn es ist viel billiger, Wasserstoff aus Methan (statt durch Wasserelektrolyse) herzustellen. Wenn der Staat allerdings Erdgas in konventionellen Kraftwerken verbrennt, um Strom für eine scheinbar „grüne" Elektromobilität zu erzeugen, verschiebt er das Problem nur, löst es aber nicht. Und die Batterien der Elektrofahrzeuge erfordern (noch) Lithium, das nur wenige Nationen umweltfreundlich fördern und entsorgen können.[27]

Selbst wenn künftige Fahrzeuge vollständig ohne fossile Treibstoffe auskommen, benötigt die industrielle Chemie immer noch Erdöl (oder ersatzweise Kohle) als Ausgangsstoff. Private Konsumenten können auf Plastikbeutel verzichten, aber industriell betrachtet ist Erdöl immer noch unersetzbar. Diese Problematik betrifft auch Staaten, die keine solche Industrie haben, denn auch sie sind auf deren Erzeugnisse angewiesen. Aus den langkettigen Alkanen des Erdöls werden Paraffinwachs und Schmierstoffe hergestellt. Alkane werden dehydriert, um Alkene zu erzeugen, aus denen wiederum Polyethylen (PE) und Polypropylen (PP) entstehen. Der synthetische Kautschuk entsteht aus Butadien, und Alkene liegen auch allen Halogenkohlenwasserstoffen zugrunde, die sich in chemischen Reinigern, Kühlmitteln und Beschichtungen finden (z. B. in dem als „Teflon" vermarkteten Tetrafluorethen). Isopropylalkohol schützt vor Frost, Glycerin hält Materialien feucht, Ketone und Epoxidharze kleben sie zusammen, und sie alle werden aus Alkenen hergestellt. Die Pyrolyse leichter Erdölfraktionen erzeugt Alkine, insbesondere Ethin und Propin. Beide verbrennen mit Sauerstoff sehr heiß und eignen sich daher als Schweißgas.[28]

Die Schweiz und Deutschland wollen künftig auf Nuklearstrom verzichten, aber die französischen Atomkraftwerke erzeugen unverändert drei Viertel des dortigen nationalen Stromangebots. Japan hat seine Anlagen wieder ans Netz genommen, und China plant derzeit, bis 2026 vierzehn neue Reaktoren zu errichten.

Ein einziges Gramm angereichertes Uran hat den Energiewert von 8000 Litern Diesel. Die bekannten Uranvorkommen der Erde reichen ins 23. Jahrhundert, und die Technologie ist effizient und klimafreundlich – die CO_2-Emissionen sind minimal –, aber auch riskant. Das radioaktive Isotop U-235, dessen Zerfall die Kernenergie freisetzt, kommt in natürlichem Uranerz nur in Spuren vor. Nuklearenergie nutzende Staaten müssen daher eine komplexe Technologie beherrschen. Sie gewinnen reines Uran aus natürlichem Erz und binden es im hochtoxischen Uranhexafluorid, das sie anschließend zentrifugieren, um stabile und radioaktive Uranisotope zu trennen und letztere auf etwa 5 % Masseanteil zu konzentrieren („Anreicherung"). Ein Staat, der dieses Verfahren beherrscht, ist daher auch fähig, Atomwaffen herzustellen. Er muss lediglich den Anreicherungsgrad auf 80 % erhöhen. Daher kontrolliert die Internationale Atomenergiebehörde (IAEA) alle Staaten, die nukleare Energie erzeugen oder dies beabsichtigen. Autoritäre Regime müssen daher damit rechnen, dass die Substitution fossiler durch nukleare Brennstoffe unterbunden wird. Im vermutlich ersten Cyberkrieg der Geschichte setzten die USA den Wurm *stuxnet* gegen die iranischen Uranzentrifugen ein. Er manipulierte deren Steuerungssoftware, sodass sie sich immer schneller drehten, bis ihre Servomotoren den Betrieb einstellten.[29]

Auch nachwachsende Stoffe könnten fossile Primärenergieträger teilweise ersetzen. Ein Holzvergaser kommt mit drei Kilogramm Holz etwa so weit wie ein Verbrennungsmotor mit einem Liter Benzin. Wer fossile Treibstoffe so ersetzen will, würde jedoch bald auf einer baumlosen Erde leben. Verbrennungsmotoren laufen auch mit Biodiesel oder Ethanol. Die europäische Norm 228 hat erstmals Kraftstoffe mit beigemischtem Ethanol (E5, E10) zugelassen, aber in Brasilien laufen modifizierte Motoren schon lange damit, man kann dort sogar reines Ethanol tanken (E100). Wer fossile durch Pflanzentreibstoffe ersetzen will, muss allerdings auch bereit sein, große Monokulturen anzubauen. Das konkurrenziert nicht nur die menschliche Ernährung, sondern verringert auch die Biodiversität. Allein 2000 m^2 Anbaufläche sind nötig, um einen kleinen PKW mit durchschnittlicher Laufleistung ein Jahr lang zu betreiben.

Wer dauerhaft autark und unabhängig von Energieimporten sein will, muss seinen Energiebedarf vollständig durch erneuerbare Energieträger decken. Viele Staaten planen derzeit, ihren Strombedarf nur noch aus erneuerbaren Quellen zu decken, aber nur die wenigsten sind dazu imstande. Als Japan 2011 alle Kernkraftwerke abschaltete, entstand eine Angebotslücke, die nur durch teure Importe von Diesel und Flüssiggas zu kompensieren war. Dänemark, das lange Küstenlinien und raue Seewinde hat, handelt durchaus rational, wenn es die Windenergie verstärkt nutzt. Auch die großen Wüstenstaaten könnten Solarkraftwerke errichten und sich regional selbst versorgen. Ohne diese geographischen Voraussetzungen entsteht jedoch nur eine Planwirtschaft, die die Konsumenten teuer für ein politisch erwünschtes Stromangebot bezahlen lässt.[30]

Die so erzeugte Energie ist aber nicht nur teuer, sie kann auch die bestehende Nachfrage kaum decken. Selbst wenn die Signatarstaaten des Pariser Klimaabkommens bis 2040 alle vereinbarten Ziele erreichen, liefern Erdöl, Erdgas und Kohle zusammen immer noch 60 % des Weltenergieangebots, und der Anteil der Nuklearenergie wird sogar leicht steigen. Die Nutzung fossiler Energieträger nimmt in den westlichen Industriestaaten zwar ab, in Indien, China und Indonesien steigt sie jedoch, denn entgegen aller Prognosen werden fossile Primärenergieträger noch lange verfügbar sein.

Propheten riefen bereits in den 1970er und 1980er Jahren das globale Produktionsmaximum („Peak Oil") aus, aber Prospektoren entdeckten seither immer neue Felder. Die Förderkosten für tiefer gelegene und unkonventionelle Öl- und Gasfelder werden künftig steigen, aber deren Vorkommen decken den globalen Energiebedarf für mehrere Jahrhunderte.[31]

Wer Erdgas einmal verbrannt hat, kann es nicht mehr zurückgewinnen, wohl aber lassen sich Kunststoffe wieder zu Alkanen – insbesondere Benzin und Diesel – wandeln („Verölung"). Schon seit der Ölkrise von 1973 erproben Forscher entsprechende Verfahren, aber erst seit kurzem sind diese rentabel und großindustriell skalierbar. Wenn sie sich durchsetzen, wird Plastikmüll zur sekundären Treibstoffquelle und damit zum geldwerten Rohstoff. Die Menschheit wird Plastikmüll daher künftig an die Verölungswerke verkaufen, anstatt ihn wie heute auf Deponien oder direkt im Meer zu entsorgen. Damit verschwinden zwar die Plastikmüllteppiche in den Weltmeeren, allerdings wird auch weniger Erdöl aus dem Boden gefördert, sodass der *„Peak Oil"* sich weiter in die Zukunft verschiebt.

Die oberflächennahen Kohlevorkommen sind weitestgehend abgebaut, aber noch immer befinden sich gewaltige Flöze von über tausend Milliarden Tonnen in tieferen Erdschichten, sie decken die Weltnachfrage der nächsten 130 Jahre. Die Schweiz erzeugt nicht einmal 1 % ihrer Primärenergie aus Kohle, Deutschland jedoch 18 % und Polen nicht weniger als 44 %. Die chinesische Zentralregierung hat zwar offiziell erklärt, bis 2060 eine CO_2-freie Energieproduktion anzustreben, dennoch bauen die Provinzregierungen fortlaufend neue Kohlekraftwerke. Anderseits erforscht China auch die saubere Kohleverbrennung *(„clean coal"),* um eine Übergangstechnologie zwischen fossiler und nachhaltiger Energieproduktion zu schaffen. Wer für einen umweltfreundlichen Energiemix plädiert, kommt an diesen physikalischen Realitäten nicht vorbei und muss daher die entsprechende Interessenpolitik überwinden.[32]

Der Staat könnte auch darauf verzichten, den Energiemix zu manipulieren und stattdessen Technologien fördern, die den Energieverbrauch so weit wie möglich reduzieren. Wer nur sehr wenig Energie verbraucht, könnte seinen Bedarf aus lokalen Quellen decken und wäre nicht länger auf Importe angewiesen. Die Überlegung ist einleuchtend, aber bislang wenig überzeugend.

Es ist zwar möglich, effizientere Endgeräte zu bauen, die bei gleicher Leistung weniger Strom verbrauchen. Die Einsparungen sind aber gering. In Deutschland entfallen etwa 25 % des nationalen Energieverbrauchs auf private Haushalte. Selbst wenn effizientere Produkte ihn um ein Drittel reduzieren, sparen sie maximal 8 % des Gesamtbedarfs oder 5,6 % der importierten Energie ein. Zudem werden preissensitive Konsumenten diese Güter nicht kaufen, wenn sie zwar effizienter, aber auch teurer sind.[33]

So mancher argumentiert, eine autarke Stromversorgung sei möglich, wenn die lokalen Verhältnisse besser genutzt würden. Passivhäuser könnten ihren Energieverbrauch selbst erzeugen, dezentral und regional erzeugter Ökostrom mache landesweite und internationale Übertragungsnetze überflüssig („*off-gridding*").

Lokale Energiequellen sind durchaus in der Lage, kleinere Siedlungen autark zu versorgen. Im jugoslawischen Bürgerkrieg war das Städtchen Goražde von der Stromversorgung abgeschnitten. Seine Einwohner hängten Wasserräder in den Fluss und trieben damit Generatoren an. Auch nepalesische Dörfer versorgen sich selbst mit Strom, indem sie Mikroturbinen in lokalen Bächen installieren. Die französische Kleinstadt Montdidier, die immerhin 6500 Einwohner zählt, gilt als energieautark. Fitnessstudios mit ausdauernder Kundschaft können Laufbänder und Ergotrainer als Generatoren betreiben und so ihren Stromverbrauch selbst erzeugen. Solche Lösungen funktionieren allerdings nur für kleine Verbraucher oder unter speziellen geographischen und klimatischen Voraussetzungen. Kleinere Siedlungen könnten sich selbst mit Solarstrom versorgen, zumindest in den heißen Regionen der Erde, aber noch ist der Wirkungsgrad der Solarmodule zu gering.[34]

Und nicht jede Turbine ist überall einsetzbar. Peltonturbinen eignen sich zur dezentralen Stromerzeugung, wenn das Wasser nur schwach fließt, aber aus großer Höhe fällt. Ist es umgekehrt, sind Querstromturbinen optimal. Der Wirkungsgrad beider Typen ist kaum noch zu steigern.

Es stimmt zwar, dass die Industrialisierung in Europa entlang der lokalen Flüsse begann – die Fabriken des frühen 19. Jahrhunderts installierten darin Wasserräder und übertrugen deren Schwung mechanisch in die Maschinenhalle. Freilichtmuseen zeigen heute noch solche Anlagen. Das Zeitalter isoliert stehender Fabriken ist allerdings vorbei. Industriegebiete wie auch Großstädte verbrauchen mehr Strom als sie lokal erzeugen können. Daher sind sie dauerhaft auf Stromimporte angewiesen, und daher können auch nicht auf Übertragungsnetze verzichten.

Krankheit

Als der französische Präsident am 4. März 2020 den nationalen Unternehmen verbietet, Schutzmasken und medizinische Versorgungsgüter zu exportieren, weisen eidgenössische Diplomaten in Brüssel auf das kürzlich abgeschlossene französisch-schweizerische Gesundheitsabkommen hin und bemerken, wie zugänglich und sicher die Arbeitsplätze der französischen Grenzgänger seien, wie liebevoll französische Staatsbürger in schweizerischen Krankenhäusern gepflegt würden. Dieser Schlagabtausch macht auf einen simplen Sachverhalt aufmerksam: Nicht jedes Land kann sich autark mit Medikamenten versorgen, vielerorts verlässt sich das nationale Gesundheitssystem auf ausländische Ärzte und Pflegekräfte, mitunter nutzt es sogar Infrastrukturen grenzüberschreitend.[35]

Wenn ein Staat auf diese Zusammenarbeit verzichten und ein rein nationales Gesundheitssystem betreiben will, muss er zunächst den Import aller ausländischen Medikamente und medizinischen Güter verbieten, die Grenzpolizei vernichtet entsprechende Einfuhren. Exporte sind nur erlaubt, falls die eigene Bevölkerung auf absehbare Zeit vollständig versorgt ist. Alle diagnostischen und therapeutischen Dienstleistungen sind ausschliesslich inländischen Firmen und Ärzten vorbehalten.

Krankenhäuser dürfen nur von nationalen Bauträgern errichtet, Rettungsdienste nur von nationalen Dienstleistern betrieben werden. Beide dürfen nur Staatsangehörige beschäftigen. Ausländische Beteiligungen an heimischen Pharma- und Medizintechnikunternehmen sind untersagt, und diesen ist es auch verboten, im Ausland zu forschen oder Produktionsanlagen dorthin zu verlagern. Ihren Forschern sowie auch allen Beschäftigen im nationalen Gesundheitssektor ist die Ausreise strengstens untersagt, da sie die eigene Bevölkerung zu versorgen haben.

Selbst mit diesen drakonischen Massnahmen könnten nur die wenigsten Staaten ein rein nationales Gesundheitssystem betreiben. Tab. 6 zeigt die weltweit größten Absatzmärkte für neuzugelassene Medikamente. Wer seine Medikamente weltweit einkauft, muss zunächst alle Importe durch nationale Alternativen ersetzen.

Es ist fraglich, ob sie dazu überhaupt in der Lage sind, denn nur wenige Nationen stellen fast das gesamte Weltangebot an Medikamenten her (vgl. Tab. 7). Das ist ökonomisch auch sinnvoll, denn da die menschliche Biochemie nicht von der Staatsbürgerschaft abhängig ist, kann den Weltmarkt beliefern, wer einmal ein wirksames Medikament entwickelt hat. Strategen, die eine nationale Bevorratung von Medikamenten und Impfstoffen befürworten, übersehen mitunter

Tab. 6 Regionale Absatzverteilung neuzugelassener Medikamente

Region	Weltmarktanteil (%)
Nordamerika	65,2
Europa	17,7
Rest der Welt	9,3
Japan	6,3
Pharmerging	1,5

Quelle: EFPIA (2019)

Tab. 7 Nettoexporteure pharmazeutischer Produkte

Nettoexporteur	Volumen (Mrd. US-$)
Schweiz	51,5
Irland	45,8
Deutschland	31,7
Indien	13,7
Dänemark	13
Niederlande	11,8
Frankreich	10,5
Belgien	7,2
Italien	6,3
Schweden	5,4

Quelle: ITC (2020)

die internationale Arbeitsteiligkeit der Pharmaindustrie. Solche Einlagerungen verschieben das Problem nur, wenn die heimischen Firmen nicht in der Lage sind, die fraglichen Stoffe selbst zu produzieren, sobald die Lager sich leeren.

Selbst diese Nettoexporteure sind nicht unbedingt imstande, sich selbst mit allen benötigten Medikamenten zu versorgen, weil sich viele Länder nur auf wenige Exportschlager spezialisieren und alles andere importieren. Tab. 8 zeigt diese Strategie am Beispiel Insulin.

Ein Verzicht auf importierte Medikamente ist daher kaum möglich. Es bleiben nur improvisierte Lösungen. Zwar ist hochprozentiger Alkohol auch ein effektives Desinfektionsmittel, konzentrierte Essigsäure ist ein wirksames Fungizid, und notfalls lassen sich Wunden auch mit Cyanacrylatkleber verschließen. Viele Medikamente halten auch länger als das aufgedruckte Ablaufdatum suggeriert. Homöopathische Produkte mögen mitunter einen Placeboeffekt auslösen, aber noch wartet die Welt auf die erste klinische, doppelblind randomisierte Studie, die einen therapeutischen Nutzen nachweist. Den Mangel an pharmazeutisch aktiven Substanzen (*active pharmaceutical ingredients*, APIs) kompensieren sie jedenfalls nicht. Wer diese nicht fertigen oder importieren kann, muss akzeptieren, dass menschliche wie auch tierische Patienten früher sterben oder dauerhaft krank bleiben. Die heutige Landwirtschaft kann zwar auf antibiotikahaltige Futtermittel verzichten, nicht aber auf Impfstoffe und Tierärzte.[36]

Viele APIs werden heute in China gefertigt, weil die Arbeitskosten dort gering sind. Daher sind auch westliche Netto-Exporteure pharmazeutischer Produkte nicht autark. Medikamente erfordern auch Träger- und Hilfsstoffe (*excipients*), die die Aufnahme der APIs im Körper erleichtern oder überhaupt erst möglich machen. Solange ein

Tab. 8 Marktanteile der größten Insulinproduzenten

Firma	Land	Weltmarktanteil (%)
Novo Nordisk	Dänemark	41
Sanofi	Frankreich	32
Eli Lilly	USA	20

Quelle: Wirtz (2016)

Staat nicht imstande ist, auch diese Stoffe zu fertigen, ist er nicht autark. Außerdem müsste er über Erdöl- und Bauxitvorkommen verfügen, denn sonst kann er weder Kunststoffe fertigen noch Aluminium gewinnen, um Blisterpackungen und Flaschenverschlüsse herzustellen.[37]

Wer sein nationales Gesundheitssystem nur mit Staatsbürgern betreiben will, lebt riskant. In vielen Staaten ist das Gesundheitssystem ohne ausländische Ärzte und Pflegekräfte nur eingeschränkt leistungsfähig. Tab. 9 zeigt einige Beispiele. Diese Länder profitieren insbesondere davon, dass die Fachkräfte im Ausland (teuer) ausgebildet wurden, nun aber zugunsten des Inlands arbeiten. Im Frühjahr 2020, als Covid-19 in Norditalien grassierte, öffnete die Schweiz dennoch ihre Südgrenze für den Pendlerverkehr – die italienischen Grenzgänger mussten einreisen, damit sie die Kranken in den schweizerischen Spitälern pflegen konnten. Sind die personellen Ressourcen oder Medikamente knapp, kann ein abgeschotteter Staat zwar die Versorgung rationieren. Dann aber sind manche Patienten gleicher als andere. Wer es sich leisten kann, lässt sich im Ausland behandeln, allen anderen bleibt nur die staatlich administrierte Warteliste. Im Extremfall entscheiden die Ärzte, welche Patienten eine lebensrettende Behandlung zuerst erhalten.[38]

Der britische Premierminister Boris Johnson ließ sich von solchen Zahlen nicht beeindrucken. Er befürwortete eine harte Migrationspolitik, obwohl er bis 2016 auch Staatsbürger der USA war, in Brüssel zu Schule ging und von osmanischen Ministerialen abstammt. Es war daher nur allzu ironisch, dass ihn ein portugiesischer Pfleger versorgte,

Tab. 9 Anteil im Ausland ausgebildeter ausländischer Beschäftigter im Gesundheitswesen

Land	Ärzte (%)	Pflegepersonal (%)
Australien	32	18
Grossbritannien	29	15
Israel	58	9
Neuseeland	42	26
Norwegen	40	9
Schweiz	34	26

Quelle: OECD (2020)

als er 2020 mit einer schweren Covid-19-Infektion auf der Intensivstation lag. Die Personenfreizügigkeit des EU-Binnenmarkts hatte es dem Pfleger ermöglicht, in England zu arbeiten. *Honni soit qui mal y pense.*

Düster prognostiziert die Weltgesundheitsorganisation (*World Health* Organization, WHO), das 21. Jahrhundert habe noch etliche Pandemien zu erwarten. Während des Lockdowns waren manche Gesundheitssysteme überraschend durchlässig. Die Krankenhäuser benachbarter Staaten optimierten ihre Kapazitäten grenzüberschreitend. Künftige Entscheidungsträger stehen vor der Wahl, ob sie solche grenzüberschreitenden Kooperationen im Gesundheitssektor fördern oder beenden wollen. Sie und ihre Grenzpolizisten seien daran erinnert, dass Viren keine politischen Grenzen kennen und weder Pässe noch Geburtsurkunden inspizieren. Die WHO spricht sich daher zurecht gegen nationale Lockdowns aus, denn es ist sinnlos, die grenzüberschreitende Mobilität zu verbieten, wenn eine Epidemie bereits zur Pandemie geworden ist. Die Bevölkerung könnte sich auch effektiv schützen, wenn sie konsequent Masken tragen würde – und wer nicht genügend Schutzmasken hat, muss die Grenzen für Importe öffnen.[39]

Mangel

So mancher steht hinter der Gardine, wenn man über die Grenze radelt und mit vollem Rucksack zurückkehrt: Schon wieder drüben gewesen? Man erhalte auch so viele Pakete aus weit entfernten Ländern, sei das moralisch? Der Maßanzug sehe gut aus, aber habe man ihn sich nicht in Mailand schneidern lassen? Und der Engländer habe wohl die Manschettenknöpfe per Post geschickt? Man möge dort einkaufen, wo man lebe, auch wenn es etwas teurer sei. Alles andere sei unpatriotisch, ruiniere das einheimische Gewerbe!

Wenn die Grenzen offen sind, können die Einwohner aus dem gesamten Weltangebot wählen und es direkt im Ausland kaufen oder es sich von dort liefern lassen. Nicht wenige halten diesen freien Güterverkehr für unmoralisch. Er befördere nur eine „Überproduktion", die lediglich dekadente Bedarfe befriedige oder den Klimawandel billigend in Kauf nähme. Oft würde sie nicht einmal konsumiert, sondern weggeworfen. Schon Platons *Politeia* warne vor dem „üppigen Staat", dessen Luxusgüterkonsum den inneren Zusammenhalt schädige.

Sobald diese Ansichten politisch mehrheitsfähig werden, appelliert der Staat an die Einwohner, nur die inländischen Waren und Dienstleistungen zu kaufen. Er schafft hierfür eine Bürokratie, die das Konsumverhalten der Einwohner überwacht, geschickt in die richtigen Bahnen lenkt und sie, ohne dass sie es selbst bemerken, von moralisch Unerwünschtem fernhält.[40]

Freie Menschen brauchen sich jedoch nicht manipulieren lassen. Sie sind nicht gezwungen, Güter nur deshalb zu kaufen, weil sie nahe bei ihrem Wohnort produziert wurden. Auf einem freien Markt kaufen die Konsumenten solche Waren nur dann, wenn sie günstiger oder qualitativ besser als das internationale Angebot sind. Daher muss der Staat ein dreistufiges Verbot einführen, um seine Einwohner gefügig zu machen.

Die Konsumbürokratie definiert zunächst alle Güter und Dienstleistungen, die als moralisch verwerflich gelten (z.B. Avocados, Spirituosen, Pornografie, Glücksspiel). Niemand darf sie im Inland produzieren oder anbieten, der Import ist ausnahmslos verboten. Die Grenzpolizei kontrolliert den gesamten privaten und gewerblichen Verkehr auf verbotene Einfuhren und vernichtet verbotene Ware. Das Postgeheimnis wird abgeschafft. Grenzpostämter öffnen und inspizieren sämtliche aus dem Ausland eintreffenden Sendungen. Befinden sich darin verbotene Konsumgüter, vernichten sie sie, der Empfänger muss eine empfindliche Strafe bezahlen. Die Polizei kontrolliert regelmäßig, ob private Wohn- und Geschäftsräume missbraucht werden, um illegale Etablissements und Produktionsstätten zu betreiben.

Für gewisse Güter und Dienstleistungen gilt ein nationales Angebotsmonopol. Die Einwohner dürfen solche Ware zwar konsumieren, nicht aber aus dem Ausland importieren, auch dann nicht, wenn das dortige Angebot reichhaltiger, günstiger oder qualitativ besser ist. Grenzpolizei und Grenzpostämter überwachen alle Importe entsprechend. Wer unerlaubt Waren importiert, muss hohe Strafabgaben bezahlen.

Auslandsware, die weder dem Konsum- noch dem Importverbot unterliegt, dürfen die Einwohner kaufen, aber nur nationale Ladengeschäfte und Importeure dürfen sie beschaffen. Hierfür benötigen sie eine spezielle Lizenz, die nur bei der staatlichen Konsumbürokratie erhältlich ist. Solche Lizenzen werden nur sehr zurückhaltend ausgestellt, und es wird streng geprüft, ob nicht etwa ausländische Strohmänner hinter dem scheinbar nationalen Importeur stehen.

Einwohner, die sich mit diesen Verboten nicht abfinden wollen, werden zunächst alle Restbestände aufkaufen und danach versuchen, mit spitzfindiger Juristerei die staatlichen Importverbote zu umgehen. Seit 2009 dürfen Glühbirnen in der EU nicht mehr hergestellt oder verkauft werden. Ein deutscher Händler argumentierte jedoch, diese seien – wie ja der Name schon suggeriere – keine Leuchtmittel, sondern Mikroheizgeräte, und deren Import sei nicht verboten. Unternehmer stellen ihre Produktion schnell um, aber Bürokraten brauchen länger, um Verordnungen zu redigieren oder die Gerichte zu bemühen. Beide liefern sich daher einen Wettlauf, in dem die Unternehmer immer kreativere Umgehungsmassnahmen erfinden, die die Bürokraten mit immer detaillierten Verordnungen beantworten.[41]

Ist das Konsumverbot einmal endgültig durchgesetzt und der gehortete Bestand aufgebraucht, müssen die Einwohner endgültig verzichten – oder sie gehen in den Untergrund. Technologisch versierte Einwohner können manch verbotene Ware selbst fertigen, sie brennen z. B. schwarz Alkohol oder kochen Drogen, betreiben Hanfplantagen oder Casino-Server auf karibischen Inseln und fertigen Waffen mittels 3D-Druckern. Verbotene Dienstleistungen sind weiterhin erhältlich, aber nur noch in getarnten Etablissements. Diese Untergrundproduktion ist riskant, weil der Staat sie streng bestraft, daher ist sie teuer und erratisch.

Kann der Untergrund keine oder nur mangelhafte Ersatzprodukte bereitstellen, sind die Einwohner bereit, teuer für die Originale zu bezahlen. Da sie in anderen Ländern nach wie vor erhältlich sind, schaffen Schmuggler sie durch falsch deklarierte Importe über die grüne Grenze oder geheime Infrastrukturen ins Land und bieten sie dort auf dem Schwarzmarkt an. Weil sie wissen, dass die Grenzpolizei ihre Importwege unterbrechen will, bilden sie bewaffnete Banden. Außerdem bestechen sie Polizisten und Bürokraten, damit sie wegsehen oder den

Schmuggel stillschweigend dulden. Der Staat antwortet mit Gegengewalt, indem er die grüne Grenze abriegelt, Mauern und Zäune baut und regelmässig private Wohnräume nach verbotenen Konsumgütern durchsucht.[42]

Die heutigen Konsumgütermärkte sind international arbeitsteilig organisiert, sodass Importe höchstens partiell, falls überhaupt zu ersetzen sind. Es ist schwierig geworden, ohne amerikanische, südkoreanische und chinesische Smartphones auszukommen (vgl. Tab. 10).

Wer den lokalen Konsum forcieren will, unterschätzt häufig den Spezialisierungsvorteil einer international arbeitsteiligen Produktion. Auch wenn eine Volkswirtschaft über lokale Ressourcen verfügt, folgt daraus nicht zwingend, dass sie sie effizient nutzen kann. Silizium ist weder selten noch teuer, es findet sich überall in der Erdoberfläche. Dennoch können es nur wenige Nationen hochrein aufbereiten und Wafer daraus fertigen. Heute dominieren taiwanesische und amerikanische Firmen den Weltmarkt für Speichermedien und PCs (vgl. Tab. 11 und 12).

Schließlich fertigen nur sieben Länder über 50 % aller Textilien, und acht Länder stellen 72 % aller PKW her (vgl. Tab. 13 und 14).

Tab. 10 Marktanteil am Smartphone-Markt nach Herstellern

Hersteller	Weltmarktanteil (%)
Samsung (Südkorea)	31,15
Apple (USA)	24,35
Huawei (China)	9,8
Xiaomi (China)	8,18

Quelle: Statcounter (2020)

Tab. 11 Marktanteil am Speichermedien-Markt nach Herstellern

Hersteller	Weltmarktanteil (%)
Intel (USA)	22,2
Samsung (Südkorea)	17,7
TSMC (Taiwan)	11,0
SK Hynix (Südkorea)	7,3
Micron (USA)	6,3

Quelle: Gartner (2020)

Tab. 12 Marktanteil am PC-Markt nach Herstellern

Hersteller	Weltmarktanteil (%)
Lenovo (China)	24,1
HP Inc. (USA)	22,2
Dell (USA)	16,8
Apple (USA)	7,0
Acer Group (Taiwan)	5,7
ASUS (Taiwan)	5,5

Quelle: Gartner (2020)

Tab. 13 Globale Textilproduktion nach Exportvolumen

Land	Weltproduktion (%)
China	31
Bangladesch	7
Vietnam	6
Indien	3
Türkei	3
Indonesien	2
Kambodscha	2

Quelle: WTO (2020b)

Tab. 14 Globale PKW-Produktion nach Herstellerländern

Land	Produzierte PKW (Mio.)	Weltproduktion (%)
China	21,3	31,8
Japan	8,3	12,4
Deutschland	4,6	6,9
Indien	3,6	5,4
Südkorea	3,6	5,4
USA	2,5	3,7
Spanien	2,2	3,3
Frankreich	1,7	2,5

Quelle: OICA (2019)

Wenn der Konsum erlaubt ist, der Import aber nicht, können die Einwohner nur das Angebot der nationalen Betriebe kaufen. Sind die regionalen Lohnkosten hoch, bezahlen sie teuer für die Substitution. Allerdings ist fraglich, ob die lokalen Betriebe überhaupt imstande sind, die nun verbotenen Importe durch qualitativ gleichwertige Waren zu ersetzen. Gelingt es ihnen nicht, müssen sie entweder die Produktion einstellen, oder sie improvisieren und stellen qualitativ schlechtere Ersatzprodukte her. Dieses Problem stellt sich bereits bei der Lebensmittelversorgung, weil viele Nahrungsmittel nur unter bestimmten klimatischen Bedingungen wachsen.

Die Konsumbürokratie rationiert dann das Angebot, sodass die Einwohner überhaupt nichts oder nur minderwertigen Ersatz erhalten, und selbst darauf müssen sie lange warten. Im Ostblock konnten die sozialistischen Länder vor 1989 zwar untereinander und mit der Sowjetunion handeln, wirtschaftliche Beziehungen mit der westlichen Welt waren ihnen aber nur in Ausnahmefällen möglich. Die ostdeutsche Konsumgüterproduktion war zwar aufgrund der niedrigen Löhne günstig, aber technologisch und qualitativ war sie, von wenigen nationalen Prestigebetrieben abgesehen, nicht wettbewerbsfähig. Das DDR-Museum in Berlin bleibt nachhaltig in Erinnerung, man schaudert beim Anfassen einer Jeans aus 100 % lokaler Synthetik.

Im Hochpreissegment zählt nicht die lokale Nähe zur Kundschaft, sondern handwerkliche und technologische Meisterschaft. Modebewussten Konsumentinnen sind kratzige Hängekleider nicht zu vermitteln, selbst wenn Nationalbauern sie aus lokaler Wolle gefertigt haben. Ihnen bleibt nur, die gewünschten Güter selbst zu fertigen, sie aus dem Ausland hereinzuschmuggeln oder auf dem Schwarzmarkt zu erwerben.

Güter und Dienstleistungen verteuern sich, wenn die Einwohner sie nur im Inland kaufen dürfen. Händler, die eine staatliche Lizenz erhalten haben, kontrollieren die Importwege. Die Einwohner haben keine andere Wahl, als bei ihnen einzukaufen, wollen sie nicht gänzlich verzichten, denn die Grenzen sind geschlossen. Das ausländische Angebot ist ihnen nicht länger zugänglich, auch wenn es günstiger oder qualitativ besser ist. Wer eine Lizenz besitzt, kann daher die Kaufkraft der Konsumenten vollständig abschöpfen. Daher steigen nicht nur die Angebotspreise, es entsteht auch ein Schwarzmarkt für solche Lizenzen, etwa wie im Taxi- und Speditionsgewerbe des 20. Jahrhunderts.[43]

Dieses Geschäftsmodell ist auch heute noch im Textilmarkt weit verbreitet. Für (nicht gefälschte) Markenware, die in Entwicklungsländern billig gefertigt wird, zahlen westliche Konsumenten mehr als das zehnfache der Produktionskosten im heimischen Ladengeschäft, obwohl die Transportkosten minimal sind – die Ware kommt per Containerschiff – und der globale Textilhandel weitgehend zollfrei ist. Aber die Ware ist nur in ausgewählten Geschäften erhältlich und so bepreist, dass sie die Kaufkraft der Konsumenten voll abschöpft. Wenn sie von der Marke überzeugt sind und die Originale wollen, bleibt ihnen nichts Anderes übrig, als dieses Angebot zu kaufen. Das Geschäftsmodell ist hochprofitabel, aber die so erwirtschafteten Gewinne fließen nicht den Entwicklungsländern, sondern den Importeuren und den Inhabern der Markenrechte zu.[44]

Wer nicht imstande ist, sowohl den Güterpreis als auch den Gewinnaufschlag der lizenzierten Händler zu bezahlen, muss teilweise oder ganz verzichten. Zwingt der Staat einkommensschwache Einwohner, nur noch in nationalen Geschäften einzukaufen, betreibt er auch eine elitäre Sozialpolitik. Denn bei offenen Grenzen könnten sie im Ausland günstiger einkaufen, nun aber müssen sie ihren Konsum einschränken – oder die Ware ins Inland schmuggeln.

Auch kaufkräftige Einwohner sind mitunter zum Verzicht gezwungen. Selbst wenn sie bereit sind, teuer für ausländische Güter zu bezahlen, sind sie auf die lizenzierten Händler angewiesen. Da deren Einkommen gesichert ist – die Einwohner dürfen ja nur bei ihnen einkaufen –, brauchen sie sich nicht um Kunden mit ausgefallenen Wünschen zu bemühen. Selbst wenn sie bereit sind, selten gefragte Auslandsware zu importieren, schrecken die strengen Grenzkontrollen möglicherweise die ausländischen Lieferanten ab. Wenn ihr Exportgeschäft nicht auf solche Sonderwünsche angewiesen ist, beliefern sie das Inland nicht, sodass die Einwohner trotz hoher Zahlungsbereitschaft keine Ware erhalten. Das Warenangebot verteuert sich daher nicht nur, es orientiert sich auch ästhetisch am Massengeschmack. Wer spezielle Wünsche oder besondere Bedürfnisse hat, kann das Gewünschte nur noch selbst fertigen, ins Inland schmuggeln oder auf dem Schwarzmarkt kaufen.

In den 1970er Jahren waren die öffentlichen Dienstleistungsmärkte der westlichen Industriestaaten vollständig abgeschottet. Staatliche Monopolbetriebe diktierten Angebot und Preise für Flug- und

Bahnreisen, Telekommunikation und Post. Es war technisch unmöglich oder regulatorisch verboten, ausländische Dienstleistungen im Inland zu konsumieren. Entsprechend teuer und mittelmäßig war das Angebot. Sofern es günstig erschien, war es hochgradig subventioniert, sodass die Konsumenten über ihre Steuern dafür bezahlten. Die Deutsche Bundespost hatte bis 1996 ein totales Monopol für sämtliche Telekommunikationsdienstleistungen inne, und vor 1994 gab es nur die Deutsche Bundesbahn, aber keinen Wettbewerb auf der Schiene. Erst als die WTO schärfere Richtlinien einführte und der EU-Binnenmarkt sich zunehmend integrierte, wurden einige dieser Monopolbetriebe privatisiert, nicht zuletzt, weil so mancher Politiker fürchtete, sie könnten im internationalen Wettbewerb nicht bestehen. Dennoch protegieren viele Staaten bis heute ihre öffentlichen Dienstleistungen. Der *United States Postal Service* besitzt immer noch ein totales Staatsmonopol auf die Briefzustellung. In den USA ist auch der protektionistische *Jones Act* von 1920 immer noch in Kraft: Nur Schiffe, die Staatsbürgern der USA gehören, mit solchen bemannt sind und unter der amerikanischen Handelsflagge fahren, dürfen Waren zwischen US-amerikanischen Häfen befördern.[45]

Auch bei plötzlichen Veränderungen der Wechselkurse sprechen sich Politiker gerne für Importverbote aus. Wertet die eigene Währung auf, erhalten die Konsumenten mehr ausländische Währungseinheiten für eine Einheit ihrer nationalen Währung. Damit können sie mit dem gleichen verfügbaren Einkommen mehr ausländische Güter und Dienstleistungen erwerben. Sie haben daher einen Anreiz, verstärkt im Ausland einzukaufen. Nationale Produzenten fürchten dann um ihren Absatz und rufen daher nach Importverboten.[46]

Wertet die eigene Währung hingegen ab, verteuern sich tendenziell die Importe. Politiker appellieren dann an die Bevölkerung, darauf zu verzichten und stattdessen im Inland einzukaufen. Schon bei der Sterling-Abwertung 1964 empfahl der britische Premierminister Harold Wilson in einer Fernsehansprache, die Bevölkerung solle bevorzugt inländische Güter kaufen *("buy British")*. Auch US-Präsident Nixon stellte sich 1971 auf den Standpunkt, die Dollarabwertung sei kein Problem, die Bevölkerung solle einfach weniger importieren und stattdessen amerikanische Güter kaufen. Beide Politiker übersahen, dass (auch teure) Importgüter gekauft werden, weil sie qualitativ besser sind oder heimische Produzenten sie nicht herstellen können. Importeure argumentieren häufig, ausländische Produktstandards seien minderwertig. Nur ihre gestrenge Qualitätskontrolle schütze den Konsumenten vor unliebsamen Überraschungen und gesundheitsgefährdenden Inhaltsstoffen. Diese Begründung ist jedoch meistens nur vorgeschoben. Ein effektiver Verbraucherschutz ist auch in freien Märkten möglich, denn die Konsumenten beurteilen die Qualität mit dem Portemonnaie: Wem die billige Importware unter den Händen zerbricht, der kauft sie nicht mehr. Verbraucherschützer, seien sie öffentlich oder privat organisiert, können Konsumentenrechte glaubwürdiger durchsetzen als lizenzierte Händler, denn sie haben keine privaten Gewinninteressen. Auch die vermeintlich fürsorgliche Konsumbürokratie irrt sich mitunter, wenn sie nur das Beste will. Oft schon hat sie Harmloses verboten, Gefährliches als unbedenklich eingestuft.

Konsumverbote sind nur dort gerechtfertigt, wo Menschen nicht selbst beurteilen können, wie gefährlich der Konsum ist. Beispielsweise verbietet das deutsche Arzneimittelgesetz seit 1978 allen pharmazeutischen Unternehmen, ihre Medikamente zu verkaufen, solange sie deren Unbedenklichkeit nicht klinisch nachweisen. Negative externe Effekte rechtfertigen hingegen keine Konsumverbote, solange der Staat die gefährdeten Gruppen anderweitig schützen kann. Wer raucht, schädigt alle, die den Rauch nicht passiv einatmen wollen, ihm aber nicht entkommen können (z. B. in öffentlichen Verkehrsmitteln oder am Arbeitsplatz). Dort zu rauchen ist daher verboten, aber Tabakwaren sind frei erhältlich. Der Staat braucht seine Einwohner nicht vor sich selbst zu schützen, selbst wenn sie unvernünftig oder ungebildet sind oder ihre Gesundheit ruinieren, solange die Folgekosten nicht auf die Gesellschaft überwälzt werden. Als erwachsenes, mündiges Individuum mag man mitunter das ungerechte Schicksal beklagen, ist aber für sein Tun und dessen Konsequenzen selbst verantwortlich.[47]

Auch eine vermeintliche globale „Überproduktion" rechtfertigt Konsumverbote nicht, denn unverkäufliche Restbestände sind häufig auf staatliche Subventionsmaßnahmen zurückzuführen. Kein Produzent, der nicht durch staatliche Politik dazu verleitet wird, stellt mehr Ware her, als er absetzen kann, denn die unverkäuflichen Lagerbestände binden nicht nur das knappe Betriebskapital, sie werden auch schlecht oder sie veralten. Gibt es keine staatliche Agentur, die solche Altlasten aufkauft, muss der Produzent die Lagerbestände verramschen oder abschreiben. Beide Maßnahmen sind schmerzlich, denn sie verursachen Verluste. Wenn Händler noch verkäufliche Ware entsorgen, handelt es sich um ein ökonomisches Koordinationsproblem, denn es gibt durchaus gemeinnützige Organisationen, die diese Waren nachfragen, nur wissen beide nichts voneinander. Es ist daher sinnvoll, wenn der Staat beide zusammenbringt, z. B. indem er gemeinnützige Marktplätze fördert; so nützt die abgeschriebene Ware noch anderen Menschen, und die Spende verbessert das öffentliche Image der Händler.[48]

Protektion verlangt, wer nicht willens oder imstande ist, sich am Weltmarkt zu bewähren. Wenn nationale Ladenbesitzer die Einwohner auffordern, „solidarisch" zu sein und vermehrt lokal einzukaufen, verlangen sie letztlich von ihnen, ihr Geschäft zu subventionieren. Es ist anstrengend und nervenaufreibend, sich am Markt gegen die ausländische Konkurrenz durchzusetzen, aber angenehm und sicher lebt, wen der Staat davon abschirmt. Händler, die einfach die Kaufkraft abschöpfen können, weil die Einwohner sich anderweitig nicht versorgen dürfen, brauchen ihr Angebot nicht attraktiv zu gestalten.

Wehe aber, wenn die Mauer fällt. Als die Wirtschafts- und Währungsunion 1990 schlagartig den ostdeutschen Konsumgütermarkt für westdeutsche Produkte öffnete, verdrängten diese das bisherige Angebot in kürzester Zeit. Nur die nationalen Prestigebetriebe, denen eine qualitativ hochwertige Fertigung gelang, sowie kleine Produzenten, die sich in spezielle Marktnischen flüchten konnten, überlebten, alle anderen wurden insolvent oder von Investoren übernommen.

In dieser Lage bleibt den lokalen Produzenten nur, sich anzupassen oder unterzugehen. Wenn sie günstiger als das Ausland produzieren können, lohnt sich der Export, und sie erzielen zusätzliche Einnahmen, falls nicht, müssen sie neue Geschäftsmodelle und Wettbewerbsvorteile entwickeln. Die lokalen Händler müssen ihre lokale Kundenbasis erhalten, daher werden sie günstigere Auslandsware selbst importieren und ebenfalls günstig anbieten, sodass die Preise sich angleichen und Einkaufstourismus sich nur noch in der unmittelbaren Grenzregion lohnt.

Geschäfte, die preislich nicht wettbewerbsfähig sind, müssen auf Qualität setzen. Wer einmal einen massgeschneiderten Anzug getragen hat, will nicht mehr zurück zur asiatischen Massenproduktion, sei sie auch noch so billig. Die gelernte Schneiderin hat zwar nur wenige Kunden, aber ihr Geschäft ist hochprofitabel und nur schwer nachzuahmen. Fürchten muss sich nur, wessen Angebot nicht besser, aber dennoch teurer als das ausländische ist.

Arbeitslosigkeit

Man ist ja nicht einmal zum Einkaufen über die Grenze geradelt, sondern nur kurz nach Frankreich in den Gasthof. Dort erklärt ein deutscher Kellner chinesischen Touristen die Speisekarte auf Englisch. Zurück in der Schweiz, besucht man am Abend den Empfang eines international tätigen Unternehmens. Dessen Mitarbeiter stammen mehrheitlich aus dem Ausland, und manche sprechen sogar Hochdeutsch. Nicht jeder empfindet das als bereichernd und möchte lieber unter seinesgleichen bleiben.

Wenn der Staat seinen Arbeitsmarkt vollständig abschotten will, muss er alle importierten Waren hoch besteuern, damit die Einwohner nur das nationale Angebot kaufen und so die heimischen Arbeitsplätze sichern. Schon in den 1980er Jahren forderten die Gewerkschaften in der europäischen und amerikanischen Automobilindustrie, den Import japanischer Kleinwagen sei zu unterbinden, um die nationalen Arbeitsplätze zu erhalten. Im gewerblichen Güterverkehr dürfen daher höchstens Halbfertigfabrikate eingeführt werden. Deren Endmontage bleibt inländischen Arbeitskräften vorbehalten.

Exporte subventioniert der Staat großzügig, aber nur dann, wenn die eigenen Staatsbürger sie produziert haben. Ausländische Dienstleister dürfen sich nicht im Inland niederlassen. Die Absicht, dort grenzüberschreitend tätig zu werden, ist genehmigungspflichtig, denn die Arbeitsmarktbürokratie muss prüfen, ob kein nationaler Betrieb willens oder imstande ist, den Auftrag auszuführen. Direktinvestitionen sind grundsätzlich erwünscht, müssen aber angemeldet werden, und die fremden

Investoren müssen nachweisen, dass sich eine positive Beschäftigungswirkung für die Staatsbürger ergibt.⁴⁹

Nur Staatsbürger dürfen im Inland arbeiten; den Arbeitgebern ist es verboten, Arbeitsplätze ins Ausland zu verlagern. Bei Hochkonjunktur können sie zwar ausländische Arbeitskräfte anwerben, aber nur als temporäre Hilfsarbeiter, und auch nur dann, wenn sie keine willigen oder qualifizierten Staatsbürger finden. Die Arbeitsmarktbürokratie überprüft, inwiefern diese Bedingungen erfüllt sind, und die Grenzpolizei kontrolliert den privaten Reiseverkehr entsprechend. Ausländer, die ohne Arbeitsgenehmigung einreisen, werden umgehend verhaftet, ausgewiesen und mit Einreiseverbot belegt.

Die nationalen Arbeitgeber haften für alle Steuern und Sozialabgaben der legal eingereisten Hilfskräfte. Solange deren Arbeitseinsatz andauert, müssen sie von der einheimischen Bevölkerung isoliert bleiben, danach werden sie umgehend ausgewiesen. Staatsbürger, die im Ausland arbeiten, schwächen das nationale Arbeitsangebot, daher dürfen sie nur aus touristischen Gründen ausreisen, ihr Urlaub wird überwacht. Nehmen sie dennoch eine Stelle im Ausland an, werden sie enteignet und ausgebürgert.

Der globale Güterhandel ist heute weitgehend frei, die internationale Arbeitsmigration jedoch nicht. Saudi-Arabien hob erst 2021 das Kafala-System auf, unter dem ein „Bürge" weitgehend rechtlose Arbeitskräfte anheuern und sich ihrer auch schnell wieder entledigen konnte. Er bewahrte ihre Pässe bei sich auf. Erst wenn er erklärte, dass alle Verpflichtungen erfüllt seien, durften sie ausreisen. Die Vereinigten Arabischen Emirate halten bis heute an diesem feudalen System fest, und zwar nicht nur bei billigen Hilfsarbeitern, sondern auch im Hochlohnsektor.

In den 1960er und 1970er Jahren erhielten Saisonarbeiter in der Schweiz lediglich eine temporäre Einreisebewilligung. War sie abgelaufen, mussten sie wieder in ihre Heimat zurückkehren. Auch heute noch haftet der Arbeitgeber gegenüber dem Staat für die steuerlichen Verpflichtungen seiner ausländischen Arbeitskräfte, sofern sie keine Niederlassungsbewilligung besitzen („Quellensteuer").⁵⁰

Wenn der Staat seinen Arbeitsmarkt abschottet und bürokratisch verwaltet, schädigt er letztlich seinen eigenen Wohlstand. Ein solcher

Arbeitsmarkt hat zunächst eine Kapazitätsgrenze, sie entspricht der Summe aller arbeitswilligen und arbeitsfähigen Staatsbürger. Wenn bereits Vollbeschäftigung herrscht, können die Arbeitgeber daher keine zusätzlichen Arbeitskräfte einstellen. Die Staatsbürger sind sich dessen bewusst, und so müssen sie nicht länger fürchten, dass ihnen bei schlechter Leistung gekündigt wird. Daher entwickeln sie ihre Qualifikationen nicht mehr weiter, stattdessen fordern sie laufend Gehaltserhöhungen und drohen, auf besser bezahlte Stellen abzuwandern, sodass die Löhne steigen, die Produktivität aber stagniert. Daher ersetzen die Unternehmer kurzfristig die knappe menschliche Arbeitskraft, indem sie vermehrt maschinell oder digital produzieren. Wo das nicht möglich ist, wie etwa in den sozialen Berufen, bleibt die Versorgung mangelhaft. Langfristig drohen die Firmen jedoch den Politikern, den Standort ins Ausland zu verlagern, wenn sie keine ausländischen Arbeitskräfte anwerben dürfen.

Gewerkschafter wenden sich oft gegen diese Einwanderer, weil sie befürchten, sie nähmen den Staatsbürgern die Arbeitsplätze weg. Schon in den 1960er Jahren schmäht so mancher in Westdeutschland die italienischen, türkischen und jugoslawischen Gastarbeiter. Den Vietnamesen ergeht es beim sozialistischen Brudervolk kaum besser. Die Polemik wiederholt sich unablässig. Um 1980 werden die Pakistanis in England angefeindet, ab 2016 auch die Osteuropäer, und in den USA ergeht es den mexikanischen und mittelamerikanischen Arbeitskräften genauso.

Wer so argumentiert, glaubt häufig, dass es nur eine beschränkte Anzahl „freier" Arbeitsplätze gäbe, die entweder mit heimischen oder mit ausländischen Arbeitnehmern „besetzt" werden könnten. Die Arbeitsmenge ist jedoch nicht fix, sondern sie wächst und schrumpft mit der wirtschaftlichen Entwicklung. Die Gastarbeiter kamen nicht, um die Inländer zu verdrängen, sondern weil das deutsche Wirtschaftswachstum zu einer starken Arbeitsnachfrage führte, die das inländische Arbeitsangebot nicht decken konnte. Wenn bestehende Firmen attraktive Produkte fertigen, erzielen sie Erlöse, die sie reinvestieren. Mit diesem Wachstum entstehen neue Arbeitsaufgaben, die wiederum mehr Beschäftigung erzeugen. Ausserdem entstehen auch ständig neue

Unternehmen, die neue Materialien und Produktionsverfahren vermarkten und somit neue Arbeitsplätze schaffen.[51]

Stellt ein Unternehmen ausländische Arbeitskräfte an, obwohl keine Vollbeschäftigung herrscht, sind die Staatsbürger entweder unzureichend qualifiziert, zu gut ausgebildet, um im Niedriglohnsektor zu arbeiten – oder nicht arbeitswillig. In einer märchenhaft reichen Ökonomie können Staatsbürger auch unabhängig von ihrem Bildungsniveau freiwillig arbeitslos sein. Sie leben dann von einem passiven Einkommen, importieren alle benötigten Güter und werben Ausländer an, die nicht nur die gering qualifizierten, sondern sämtliche Arbeiten erledigen. Die Staatsbürger besetzen nur wenige Schlüsselpositionen, um sie zu kontrollieren.

Wenn das lokale Arbeitsangebot eines Landes allerdings qualitativ unzureichend ist, muss der Staat zunächst qualifizierte Arbeitskräfte aus dem Ausland anwerben. Aber je mehr ein Land sich wirtschaftlich entwickelt, desto schneller verbessern die Staatsbürger ihre Fertigkeiten. Die neu erworbenen Qualifikationen gestatten ihnen, in besser bezahlten Berufen zu arbeiten, sodass der Niedriglohnsektor für sie unattraktiv wird. Ein international flexibler Arbeitsmarkt füllt diese Lücke, indem ausländische Arbeitskräfte die dort anfallen Arbeiten übernehmen. Und je spezialisierter und qualitativ hochwertiger die gebildeten Staatsbürger produzieren können, desto weniger können die Unternehmer drohen, ihre Arbeitsplätze ins Ausland zu verlagern. Billige Hilfsarbeit kann auslagert werden, hochqualitative Wertschöpfung nicht. Gut ausgebildete Staatsbürger können den Unternehmern daher nahelegen, dass es nicht einfach sein wird, anderswo ein ähnlich hohes Qualifikationsniveau zu finden. Eine bessere Arbeitsplatzgarantie gibt es nicht, und daher brauchen sie auch die Arbeitsmigration im Niedriglohnsektor nicht zu fürchten.

So mancher kauft ein Produkt allein deshalb, weil es im Inland gefertigt wurde, aber bei offenen Märkten stellt niemand eine Arbeitskraft nur aufgrund der Staatsbürgerschaft ein. Wenn die Unternehmen sich im globalen Wettbewerb bewähren müssen, interessieren sie sich nicht für die Staatsbürgerschaft ihrer Beschäftigten, sondern für deren berufliche Qualifikationen, denn diese entscheiden über die

Produktivität. Das gilt vor allem dann, wenn die Unternehmen preislich am Weltmarkt nicht wettbewerbsfähig sind und daher nur eine qualitativ überlegene Produktion absetzen können. Diese ist auf technologische Innovationen und daher auf hochqualifizierte Arbeitskräfte angewiesen. Das gilt für Handwerker und Forscher gleichermassen.

Wenn qualifizierte Arbeitskräfte aus dem Ausland rekrutiert werden, setzen sie nicht nur ihre Fertigkeiten zugunsten des Inlands ein, sie hinterfragen auch althergebrachte Methoden, vergleichen sie mit ihrem internationalen Erfahrungsschatz und überlegen, wie sie verbessert werden könnten. Wenn qualifizierte Arbeitnehmer migrieren, transferieren sie daher auch technologisches Wissen – vorausgesetzt, dass ein Diskurs zustande kommt, denn nicht jeder erträgt den Hinweis auf die eigene Beschränktheit. Nationalisten behaupten zwar, Innovation erfordere keine Arbeitsmigration, weil die heimischen Unternehmer auch ausländische Fachzeitschriften und Patente studieren könnten, um sich über neue Technologien zu informieren.

Aber Kenntnisnahme bedeutet nicht Kompetenz. Menschen können zwar Fertigkeiten beobachten und darüber staunen, aber sie benötigen Zeit, um sie sich selbst anzueignen. Man kann im Konzertsaal einem gefeierten Pianisten zuhören, aber das Stück dennoch nicht selbst spielen, und man kann einem Lokführer zusehen, wie er einen Güterzug fährt, und ihn auch vieles fragen, aber selbst steuern kann man nicht. Handwerkliche und technologische Fertigkeiten repräsentieren implizites Wissen, das nur durch intensive, langandauernde und persönliche Anleitung übertragbar ist.[52]

Manche Menschen glauben, durch Arbeitszeitverkürzung neue Arbeitsplätze schaffen zu können. Der Staat müsse nur die erlaubte Höchstarbeitszeit herabsetzen, die 20-Stunden-Woche einführen, jubeln sie verworren. Dann müssten künftig zwei erledigen, was bisher einer schaffte, und so kämen alle in Lohn und Brot. Wenn die Unternehmer aber mehrere Teilzeitkräfte statt einer Vollzeitkraft beschäftigen müssen, haben sie auch höhere Fixkosten zu tragen. Daher reduzieren sie kurzfristig die Löhne, langfristig verlagern sie die Produktion ins Ausland.

Andere glauben, sie könnten Arbeitslose wieder in den Arbeitsmarkt integrieren, indem sie sie (staatlich subventioniert) umschulen: Heimarbeiter lernen den Umgang mit der Webmaschine, und wer diese gestern noch geölt hat, baut sie morgen schon. Es dauert allerdings lange, menschliche Fertigkeiten neu zu entwickeln oder anzupassen. Ein Nukleartechniker ist nicht schon morgen ein Facharzt für Radiologie, ein Offsetdrucker baut nicht morgen schon Roboter. Umschulungen sind teuer und nicht immer erfolgreich, und wer lieber freiwillig arbeitslos ist als beruflich neu anzufangen, reagiert nicht auf entsprechende Angebote. Schneller geht es hingegen, die Produktion zu automatisieren und Kapitalströme umzulenken. Die St. Galler Textilindustrie ist innerhalb von nur zwanzig Jahren fast vollständig verschwunden, weil sie der fernöstlichen Konkurrenz preislich nichts entgegensetzen konnte. Einige der früheren Textilproduzenten bauen heute zwar die Maschinen, auf denen der Ferne Osten produziert, aber die früheren Arbeitsplätze sind und bleiben verschwunden.[53]

Diese („strukturelle") Arbeitslosigkeit wird nur durch neues Wirtschaftswachstum überwunden – oder durch Auswanderung. Die Schweiz lehnte 1992 den Beitritt zum Europäischen Wirtschaftsraum ab, integrierte sich jedoch ab 1999 über die bilateralen Verträge in den Europäischen Binnenmarkt. Sie bildete damit neue Handelsbeziehungen aus, die es ihr erlaubten, die strukturelle Arbeitslosigkeit der 1990er Jahre zu überwinden.[54]

Wer mangels solchen Wachstums arbeitslos ist und sich weder umschulen noch mit einer prekären Existenz in den Sozialsystemen abfinden will, muss auswandern. Wenn das Arbeitsangebot international mobil ist, gleicht die Migration internationale Ungleichgewichte am Arbeitsmarkt aus. Wer Arbeitskräfte sucht, rekrutiert sie in anderen Ländern, und Menschen, die dort arbeitslos sind, wandern dorthin aus, wo sie Arbeit finden. Sie sind entschlossen, ihre wirtschaftliche Lage zu verbessern, denn sie könnten auch zuhause bleiben und den Mangel erdulden.

Die globale Arbeitsmigration des 19. Jahrhunderts ist exemplarisch für diesen Mechanismus. Wer zu dieser Zeit verarmt oder arbeitslos ist, wird – zumindest in Europa – nicht zur Auswanderung gezwungen. Es gibt zwar keine staatlich finanzierten Sozialsysteme, wohl aber kirchliche Fürsorge, städtische Armenhäuser und dörfliche Unterstützung. Wer darauf angewiesen ist, vegetiert jedoch karg und armselig dahin, und die Menschen träumen vom nördlichen wie auch vom südlichen

Amerika, wo es Arbeit und Wohlstand gibt. Manche deutsche Fürsten fördern diese Migration, indem sie Auswanderungsagenten einladen und die Ausreise mittelloser Emigranten subventionieren – nicht zuletzt deshalb, weil sie revolutionäre Umtriebe und Hungersnöte fürchten. Die Schweizer Ortsgemeinden waren großzügiger, sie spendierten sogar die ganze Passage, um sich ihrer „Armengenössigen" zu entledigen.[55]

Aber damals riefen nicht wenige, diese europäischen Glücksritter wollten gar nicht arbeiten. Da es in Amerika keine Sozialsysteme, wohl aber Reichtum gäbe, müssten sie zwangsläufig kriminell werden, diese Migration sei daher zu unterbinden. Schon 1878 kündigt die Stadt New York an, verarmte Immigranten aus der Schweiz genau zu inspizieren, und 1880 fordert der amerikanische Konsul in Zürich recht undiplomatisch, „arme Schlucker und Kriminelle" seien fernzuhalten. Aus heutiger Sicht ist es leicht, wie U2 zu dichten: *These are the hands that built America.* Niemand bestreitet heute noch, dass sie vielleicht nicht alle kriminell waren, dass wenigstens einige mitunter eine Fleischkonserve gefüllt oder einen Wolkenkratzer gebaut haben. In vielen afrikanischen Staaten gibt es überhaupt kein Sozialsystem, wohl aber erhebliche Binnenmigration über weithin offene grüne Grenzen. Nicht jeder, der sie überquert, ist kriminell.[56]

Dennoch ist das zeitgenössische Urteil strenger als das historische, vor allem dann, wenn die Arbeitsmigration mit einer verstärkten Urbanisierung einhergeht. Nationalisten glauben dann, eine kausale Verbindung zu erkennen. Es liege an den massenhaft einwandernden Arbeitskräften, wann immer mehr Flächen versiegelt, öffentliche Verkehre immer dichter getaktet würden, Mensch und Natur permanentem Stress ausgesetzt seien. Sie verdrängten, was die Staatsbürger als bewahrenswert empfänden, diese seien heute schon fremd im eigenen Betrieb, im eigenen Land.[57]

Die Urbanisierung lockt jedoch nicht nur ausländische Arbeitskräfte, sondern auch die eigene Landbevölkerung in die Städte. In der Schweiz verdoppelt sich der Urbanisierungsgrad zwischen 1940 und 2019, aber die ausländische Wohnbevölkerung hat sich seit 1960 verfünffacht. Wäre sie nur in die Städte migriert, müssten diese größer oder dichter besiedelt sein. Stattdessen scheinen die Einwanderer gerade auch in ländliche Gemeinden zu ziehen, weil es günstiger ist, dort zu wohnen. Auch viele Entwicklungsländer erleben derzeit eine intensive Urbanisierung, auch und gerade wenn mehr Inländer abwandern als Ausländer zuwandern. Wer befürchtet, die Arbeitsmigration „überfremde" das Inland, darf nicht vergessen, dass sich Zuwanderer schneller und umfassender integrieren, wenn sie berufstätig sind. Und wer sich im dichten urbanen Raum gestresst fühlt, darf nicht ignorieren, dass gerade die Nachverdichtung ihn (wieder) lebenswert macht, insbesondere in grenzüberschreitenden Metropolregionen.[58]

Verkehrskontrolle

Das Land im Lockdown, die Schalter geschlossen. Man geht zum Automaten, und es kommt Geld heraus – und zwar so viel man will. Man seufzt erleichtert: Es ist nicht wie damals in Griechenland. Man kann zwar nicht reisen, aber die internationalen Kapitalströme fließen frei. Sie transferieren sowohl Sachkapital (Immobilien, Maschinen, Transportmittel) wie auch Geldkapital (Aktien, Anleihen, Bankguthaben) zwischen den Nationalstaaten.

Nach den Handelskriegen der 1930er Jahre hatte sich die keynesianische Sicht durchgesetzt, dass ein freier Güterverkehr unvereinbar mit einem freien Kapitalverkehr sei. Das 1944 begründete System von Bretton Woods liberalisierte den globalen Güterverkehr, kontrollierte den zwischenstaatlichen Kapitalverkehr jedoch streng. Fixe Wechselkurse banden die Währungen der westlichen Industriestaaten an den US-Dollar, und die USA garantierten bis 1971, dass dieser jederzeit in Gold konvertibel sei. Die Menschen lebten in einer bizarren, hochgradig regulierten Welt; in England durften Privatpersonen nicht mehr als fünfzig Pfund ausführen, und die Summe wurde bei der Ausreise im Pass notiert.[59]

Dieses System existiert zwar schon lange nicht mehr, aber Kapitalverkehrskontrollen gibt es auch heute noch. Autoritäre Regime müssen den freien Kapitalverkehr unterbinden. Ist das private Vermögen einmal dem staatlichen Zugriff entzogen, kann das Regime missliebige Einwohner nicht mehr gefügig machen, indem es droht, sie zu enteignen. Um diese Kapitalflucht zu verhindern, ist ein restriktives Regime erforderlich. Die Finanzbürokratie kontrolliert das inländische Bankensystem sowie den Handelsverkehr zwischen inländischen Firmen und deren ausländischen Töchtern. Fremdwährungskredite dürfen sie nur aufnehmen, wenn die Zentralbank es gestattet. Privatpersonen dürfen keine Guthaben in ausländischer Währung halten. Hochwertige Sachgüter müssen öffentlich registriert werden.

Die Zentralbank zieht Banknoten großer Nennwerte ein, um die Hortung großer Geldvermögen außerhalb des Bankensystems zu erschweren. Das Bankgeheimnis wird ersatzlos abgeschafft, sowohl der Zahlungsverkehr als auch die Geldautomaten werden überwacht. Leiten die Staatsbürger verdächtige Zahlungen über ihre Konten oder heben sie viel Geld auf einmal ab, verständigt die Bank die Grenzpolizei. Diese kontrolliert den Personenverkehr penibel. Sie untersucht jede private und geschäftliche Ausreise auf Kapitalverbrechen – im wahrsten Sinne des Wortes, denn es ist streng verboten, Bargeld, Devisen und Edelmetalle auszuführen.[60]

In den 1930er Jahren versuchten die österreichischen, deutschen und sowjetischen Diktaturen systematisch, jeden privaten Kapitalexport zu verhindern. Die Nationalsozialisten verschärften die schon 1931 eingeführte „Reichsfluchtsteuer". Sie beabsichtigten unverhohlen, sich das Kapital all jener anzueignen, die vor ihrem Regime flohen. Heute kontrollieren Russland, Weißrussland, Venezuela, China und Myanmar den geschäftlichen und privaten Kapitalverkehr rigoros, allerdings mit zweifelhaftem Erfolg. Bereits 2014 schafften chinesische Staatsbürger den Gegenwert von 425 Mrd. US-$ ins Ausland. Seit 2008 fließt auch russisches Kapital vermehrt in rechtssichere Räume.[61]

Kapitalverkehrskontrollen sollen auch ausländische Direktinvestitionen (*foreign direct investment,* FDI) fernhalten oder beschränken. Wenn ein ausländisches Unternehmen eine neue Tochtergesellschaft im Inland gründet, führt es neue Technologien oder Produkte ein, um den inländischen Markt zu erschliessen. Das bedroht die Marktmacht der alteingesessenen Firmen, und so rufen sie nach staatlicher Protektion. Manche Staaten wollen ihre Prestigebetriebe vor ausländischen Übernahmen bewahren, indem sie spezielle Gesetze schaffen. Andere verbieten nur bestimmten Ländern, im Inland zu investieren, weil sie die nationalen Sicherheitsinteressen kompromittiert sehen.

Auch einheimische Regionalbanken wollen ihr lokales Geschäft lieber für sich behalten als es dem internationalen Wettbewerb auszusetzen. In einem staatlich abgeschotteten Kapitalmarkt sind Kredite daher teurer und Kapitalerträge geringer, weil die einheimischen Banken die Konditionen vollständig diktieren können; es gibt zwar inländischen Wettbewerb, aber das ausländische Kreditangebot ist Einwohnern und Unternehmen nicht zugänglich.[62]

Für Entwicklungsländer sind ausländische Direktinvestitionen zwar vorteilhaft, dennoch sollten sie sich ihnen nicht bedingungslos öffnen. Kapitalverkehrskontrollen können in diesem Fall sinnvoll sein, solange sie sich darauf beschränken, eine Gegenleistung für den freien Zugang zum Inlandsmarkt einzufordern. In China können westliche Firmen erst seit 2017 und nur in gewissen Industriesektoren frei investieren. Vorher mussten sie Joint Ventures mit chinesischen Firmen gründen, sodass ein Technologietransfer unvermeidlich war, selbst wenn der westliche Partner ihn verhindern wollte.[63]

Viele afrikanische Entwicklungsländer haben ihre Märkte ausländischen Direktinvestitionen bedingungslos geöffnet, sie wurden daraufhin von billigen Konsumgütern überschwemmt. Die Treuhandorganisation verpflichtete zwar westdeutsche und europäische Investoren, die Arbeitsplätze in den privatisierten Staatsbetrieben der DDR zu erhalten, aber sie konnte die Forderung kaum durchsetzen, weil die Wirtschafts- und Währungsunion 1990 den ostdeutschen Markt plötzlich und vollständig geöffnet hatte.[64]

Geldkapital ist das flüssigste und mobilste aller Eigentumsmittel. Bei offenen Grenzen fließt es dorthin, wo es die höchsten Renditen erzielt (*„return on capital"*). Mit dem Dawes-Plan strömte ab 1924 amerikanisches Kapital nach Europa. In den 1980er Jahren waren die lateinamerikanischen, in den 1990ern die russischen und südostasiatischen Märkte attraktiv für Auslandsinvestitionen. Solche Kapitalbewegungen entstehen auch dann, wenn die Investoren erwarten, dass eine Währung stark abwerten wird. Sie sichern sich dagegen ab, indem sie ihr Kapital in stabileren Währungen halten (*„return of capital"*).

Schon als 2008 die große Finanzkrise ausbrach, flohen die Investoren in den Schweizer Franken. Als sich die griechische Staatsschuldenkrise ab 2011 zur Eurokrise ausweitete, bauten sie diese Positionen noch aus, weil sie (nicht ganz zu Unrecht) erwarteten, dass die südeuropäischen Länder aus der Währungsunion ausscheiden und so die Eurozone destabilisieren könnten. Allein zwischen 2009 und 2011 wertete der Franken gegenüber dem Euro um 30 % und gegenüber dem US-$ um 45 % auf. Manche Staaten wollen auch ganz bewusst internationale Kapitalströme anlocken. Irland liberalisierte in den frühen Nullerjahren seinen Bankensektor und gewährte internationalen Unternehmen vielfältige Steuervorteile. Isländische Banken warben bis 2008 aggressiv um internationales Kapital. Ausländische Guthaben in isländischen Kronen wurden hoch verzinst. Diese schnellen Transfers (*„hot money"*) sind nicht unproblematisch, denn die heimische Währung wertet umso schneller und umso stärker auf, je mehr ausländisches Kapital ins Land fließt. Eine starke Währung weist normalerweise auf eine prosperierende Volkswirtschaft hin, aber wenn sie *nur* aufgrund von Kapitalimporten aufwertet, müssen ausländische Kunden die heimischen Exporte teurer bezahlen, obwohl diese qualitativ nicht hochwertiger sind, daher reduzieren sie ihre Nachfrage. Die inländischen Konsumenten können ausländische Waren jedoch günstiger importieren, daher kaufen sie weniger bei den nationalen Firmen, sodass deren Absatz auch im Inland zurückgeht. Dieser *„Dutch disease"* ist schwer beizukommen.[65]

Der Kapitalimport bläht zudem die Aktienkurse und Immobilienpreise auf. Wenn er jedoch plötzlich wieder abfließt, vermindert sich schlagartig das Kreditvolumen, wodurch das nationale Bankensystem destabilisiert wird. Amerikanische Investoren kündigten 1929 nach dem „Schwarzen Freitag" ihre europäischen Kreditlinien und repatriierten ihr Kapital. Viele Banken, die auf einen kontinuierlichen Kapitalimport gesetzt hatten, wurden insolvent. Aus dieser Bankenkrise entstand die Weltwirtschaftskrise der 1930er Jahre. Auch in Lateinamerika und Asien brachen umfassende Schuldenkrisen aus, als das schnell importierte Kapital wieder abzog, genauso wie auch in Irland und Island.[66]

Nicht wenige meinen angesichts dieser Konsequenzen, man solle den globalen Kapitalverkehr strenger regulieren. Tatsächlich haben die Staaten schon oft temporäre Kontrollen eingeführt, um Kapitalimporte unattraktiv zu machen. Sie untersagten den Inlandsbanken, ausländische Guthaben entgegenzunehmen oder sie zur Kreditschöpfung einzusetzen. Sie führten Strafabgaben und Mindestreservepflichten ein, verboten ausländischen Investoren, inländische Finanzinstrumente oder Immobilien zu erwerben oder Anleihen auf dem nationalen Kapitalmarkt zu platzieren. Brasilien versuchte 2012 und 2018 erfolglos, eine Tobin-Steuer auf Kapitalimporte einzuführen.

Andere Staaten experimentierten mit Außenwirtschaftskontrollen, um den Kapitalverkehr indirekt über den Güterverkehr zu kontrollieren, aber auch hier blieb der Erfolg aus. Das ist nicht weiter überraschend, denn die keynesianischen Zeiten sind vorbei. Heute ist ein freier Güterverkehr ohne freien Kapitalverkehr undenkbar. Waren- und Zahlungsströme sind untrennbar verflochten, und daher sind Kapitalverkehrskontrollen problemlos zu umgehen, etwa indem der Güterverkehr zwischen verschiedenen Tochtergesellschaften in unterschiedlichen Währungsräumen fakturiert wird. Der Staat könnte das nur verhindern, indem er jede einzelne Handelstransaktion nachprüft, was angesichts des heutigen Welthandelsvolumens völlig illusorisch ist. Außerdem würden die Unternehmen einfach ihren Firmensitz an einen weniger restriktiven Standort verlagern (*„jurisdiction shopping"*).[67]

Freie Menschen können ihre Bankguthaben in jeder Währung halten und sie jederzeit in andere Währungen wechseln („konvertieren"). Eine staatliche Erlaubnis ist hierfür nicht erforderlich. Das ist keineswegs selbstverständlich, sondern das Resultat völkerrechtlicher Entwicklungen. Es dauert lange, die nach dem Zweiten Weltkrieg fragmentierten Güter- und Zahlungsverkehre wieder in Gang zu bringen. Erst 1958 erklären vierzehn westliche Industrienationen gemeinsam, ihre Währungen seien von nun an wieder frei konvertibel, darunter sind auch die (west)deutsche Mark und das britische Pfund. Die Währungen des Ostblocks waren bis 1990 nur zu staatlich diktierten Phantasiekursen erhältlich oder aber – realistischer bepreist – auf dem Schwarzmarkt. Erst seit 2006 ist auch der russische Rubel frei konvertibel, der chinesische Yuan ist es bis heute nicht.

Investoren, die ein Guthaben in einer anderen als der nationalen Währung halten wollen, benötigen lediglich eine Geschäftsbank, die bereit ist, ein Fremdwährungskonto in der gewünschten Währung zu führen. Wollen sie ein Guthaben in Schweizer Franken halten, brauchen sie weder in die Schweiz zu reisen noch ein Konto bei einer schweizerischen Bank eröffnen. Sie überweisen lediglich Geld auf ihr in Franken geführtes Fremdwährungskonto, die Bank konvertiert den Zahlungseingang in die Kontowährung („Offshore-Guthaben").

Daher kann kein Staat verhindern, dass eine Währung auf- oder abwertet, und führt er Kapitalverkehrskontrollen im Inland ein, halten die Investoren ihr Guthaben einfach auf einem Fremdwährungskonto im Ausland. Der Eurodollarmarkt des 20. Jahrhunderts zeigt diesen Mechanismus exemplarisch. Seit 1957 verzinsten britische Banken in London nicht nur Guthaben in US-Dollar, sie akzeptierten auch die Gelder internationaler Investoren. Damit entstand ein Offshore-Markt für US-Dollar, der der restriktiven Banken- und Kapitalmarktregulierung in den USA entzogen war. Er wuchs zwischen 1961 und 1970 um durchschnittlich 46 % pro Jahr. Die USA versuchten wiederholt, ihn einzudämmen oder zumindest zu regulieren, scheiterten aber nicht zuletzt am Widerstand ihrer eigenen Banker, die befürchteten, das Geschäft könnte in weniger stabile Weltregionen abwandern.[68]

Auch hochgradig restriktive Kontrollen können panische Kapitalverlagerungen nicht unterbinden. Als das System von Bretton Woods kollabierte, flohen viele Investoren aus dem US-Dollar in den Schweizer Franken, weil sie – völlig zurecht – eine starke Dollarabwertung befürchteten. Schweizer Geschäftsbanken waren bis 1975 verpflichtet, eine „Kommission" (d. h. eine Strafabgabe) von bis zu 10 % auf ausländische Guthaben über fünf Millionen Franken zu erheben, um den Kapitalimport unattraktiv zu machen und so die Aufwertung abzubremsen. Die Maßnahme scheiterte, denn wer eine Dollarabwertung von mehr als 10 % erwartete, bezahlte die „Kommission" gerne. Das Geld war sicher angelegt, und zwischen 1971 und 1980 wertete der US-Dollar gegenüber dem Franken um 60 % ab, sodass die Investoren ihre Guthaben mit hohem Gewinn wieder in Dollar konvertierten, als der Markt sich beruhigt hatte.

Eine Zentralbank muss panische oder spekulative Kapitalverlagerungen eindämmen, wenn sie exzessive Ausmaße annehmen. Gleichzeitig darf sie aber produktive Direktinvestitionen nicht vergraulen und den Handelsverkehr nicht stören. Ihre Möglichkeiten sind begrenzt, denn sie kann nicht gleichzeitig eine autonome Geldpolitik betreiben, fixe Wechselkurse aufrechterhalten und einen freien

Kapitalverkehr gestatten. Nur zwei dieser drei Ziele sind gleichzeitig erreichbar („Trilemma der Zentralbank"). Sie könnte daher den Kapitalverkehr freigeben, aber fixe Wechselkurse einführen und erklären, diese jederzeit am Devisenmarkt zu verteidigen. Damit unterbindet sie den Kapitalimport zwar nicht, aber weil sie unbegrenzt Zentralbankgeld schöpfen kann, wertet die inländische Währung auch bei großen Zuflüssen nicht mehr auf. Bereits 1978 legte die Schweizer Nationalbank eine Kursuntergrenze zur deutschen Mark fest, weil alle bisherigen Versuche, die einströmenden Kapitalimporte unattraktiv zu machen, erfolglos geblieben waren. Auch zwischen 2011 und 2015 definierte sie einen fixen Wechselkurs zwischen Schweizer Franken und Euro.

Diese Politik ist nicht zwingend inflationstreibend. Interventionen der Zentralbank erhöhen zwar die Geldbasis, aber sie kann diesen Zuwachs gezielt neutralisieren („sterilisieren"). Auch die Geldschöpfung der Geschäftsbanken steigt nicht nur deshalb, weil die Geldbasis sich vergrößert. Allerdings kann die Zentralbank dem Trilemma nicht entkommen. Wenn sie den Kapitalverkehr freigeben und gleichzeitig fixe Wechselkurse verteidigen will, kann sie keine unabhängige Geldpolitik mehr betreiben, sondern nur noch am Devisenmarkt intervenieren, um den definierten Kurs stabil zu halten. Spekulanten testen daher regelmäßig ihre Entschlossenheit. Es ist zwar gefährlich, gegen finanzkräftige Zentralbanken zu wetten, aber Entwicklungsländer, deren Interventionskraft begrenzt ist, sind verwundbar. Je mehr ausländisches Kapital in die Volkswirtschaft strömt, desto mehr Devisen muss die Zentralbank kaufen, um den Aufwertungsdruck der nationalen Währung zu neutralisieren. Solange es sich um harte Währungen handelt, kann sie diesen Effekt sogar ausnutzen, um günstig Reserven aufbauen. Ansonsten muss sie jedoch immer mehr Einheiten einer immer wertloseren Währung kaufen, um den fixen Wechselkurs zu verteidigen.

Schon oft sind Zentralbanken an dieser Aufgabe gescheitert. Die meisten streben heute einen freien Kapitalverkehr und eine unabhängige Geldpolitik an – und sind daher gezwungen, die Wechselkurse freizugeben. Viele Zentralbanken haben seit 2015 negative Zinsen eingeführt, jedoch mit zweifelhaftem Erfolg – wer Sicherheit benötigt, lässt sich auch von negativen Renditen nicht abschrecken.[69]

Kapitalverkehrskontrollen sind ein verzweifeltes Mittel, um eine nationale Finanzkrise abzuwenden. Wenn die Kunden erwarten, dass ihre Bank bald nicht mehr existiert (z. B. weil publik wird, dass ihre Bilanz voller zweifelhafter Aktiva oder fauler Kredite ist), beginnen sie umgehend, ihre Guthaben abziehen. Anderen Banken bleibt dieser Abfluss nicht verborgen. Daher frieren sie ihre Kreditlinien ein. Kann die Bank sich nicht anderweitig refinanzieren, wird sie in kürzester Zeit insolvent. Eine entwickelte Volkswirtschaft kann den Kollaps einer einzelnen Bank verkraften. Deren Aktionäre und Gläubiger tragen das Insolvenzrisiko, die Kunden entschädigt der Einlagensicherungsfonds (sofern ein solcher im fraglichen Land existiert). Wenn eine Wirtschaftskrise aber das gesamte nationale Bankensystem erfasst, helfen solche Mittel nicht mehr weiter. Weil das Geschäftsbankensystem zusammenbricht, vermindert sich auch die Kreditversorgung der Wirtschaft schlagartig, sodass Unternehmen insolvent und ihre Beschäftigten arbeitslos werden.

Schon oft haben Staaten harte Kapitalverkehrskontrollen eingeführt, wenn ihr nationales Bankensystem zu kollabieren drohte, in jüngster Zeit etwa Island (2008–2012), Zypern (2013–2015) und Griechenland (2015–2019). Alle diese Kontrollen ähneln sich. Sie zwingen die Einwohner, ihre Guthaben im nationalen Bankensystem zu belassen. Barauszahlungen sind nur restriktiv zulässig, Auslandsüberweisungen verboten. Unvorbereitete Einwohner können diesen Kontrollen nicht entkommen, weil der Staat sie nachts oder am Wochenende einführt, die Börse schließt und gleichzeitig einen Bankfeiertag verordnet. Diese Politik negiert nicht nur die Eigentumsfreiheit, auch eine langandauernde Rezession ist kaum abzuwenden.

Kapitalverkehrskontrollen mögen das nationale Bankensystem vor dem Zusammenbruch bewahren, aber bei einer internationalen Finanzkrise wären sie kontraproduktiv. Dann nämlich müssen die Zentralbanken schnell und umfassend außerordentliche Liquidität bereitstellen, um zu verhindern, dass der Interbankenmarkt einfriert und eine globale Kreditklemme entsteht *("lender of last resort")*.

Dafür ist einerseits eine umfassende Handlungsfreiheit, andererseits internationale Koordination erforderlich. Das ist nicht zuletzt eine Lehre aus der Weltwirtschaftskrise. Damals verhinderte nicht nur der restriktive Goldstandard ein koordiniertes Vorgehen. Jeder Staat versuchte auch, auf Kosten seiner Handelspartner möglichst unbeschadet der Krise zu entkommen. Diese Politik trug wesentlich zur Verschärfung der globalen Depression in den 1930er Jahren bei. Während der großen Finanzkrise und auch im Lockdown arbeiteten die Zentralbanken international zusammen, um den Interbankenmarkt liquide zu halten. Sie konnten die Kapitalmärkte nur deshalb gemeinsam mit unbegrenzter Liquidität fluten, weil sie bewusst auf Kapitalverkehrskontrollen verzichteten. Sie hatten richtig erkannt, was sie zu retten versuchten: Eine untrennbar verwobene, virtuelle, transnationale Sphäre.[70]

Anmerkungen
1. Zu Prognosen künftiger Konflikte um Wasserreserven vgl. World Bank (2016). Langfristig gesehen, verdampft Wasser durchaus ins Weltall (Bojanowski, 2014). Nur ca. 2,5 % der weltweiten Wasserreserven entfallen auf Süßwasser. Davon ist der Großteil gefroren oder Grundwasser, d. h. nicht direkt konsumierbar (Salas et al., 2014). Zu verunreinigtem Trinkwasser als Problem urbaner Hygiene vgl. Evans (1990), Hirschfelder (2004).
2. Die Strategie Singapurs analysieren Lenouvel et al. (2014). Zur Aufbereitungstechnik vgl. Melin & Rautenbach (2007). Zum Potenzial von Offshore-Grundwasservorkommen vgl. Post et al. (2013).
3. Am Beispiel Tansanias erläutert Madulu (2003) die Unterversorgung der Bevölkerung trotz reichlicher Wasservorkommen. Zur Rolle der Entwicklungshilfe beim Bau technischer Infrastrukturen vgl. UNESCO (2009).
4. Die industrielle Nutzung des Aralsees in der Sowjetunion dokumentieren Létolle & Mainguet (1996). Zur Prognose für den Alpenraum vgl. Haeberli et al. (2013), zu Andalusien vgl. Guiot & Cramer (2015). Hongkong besitzt nur geringe einheimische Süßwasservorkommen. Zur Kooperation mit Rotchina in der Kolonialzeit vgl. Hartley et al. (2018).
5. Beispiele aus ariden Regionen der Erde dokumentieren Haarhoff & Van der Merwe (1996), Khan & Anderson (2018). Zu den global unterschiedlichen Produktionskosten von Trinkwasser vgl. GWI

(2020), zur Kalkulation entsprechender Geschäftsmodelle vgl. Anderson & Landry (2001), Larson (2015).
6. Eine detaillierte Beschreibung dieser alternativen Purifikationstechniken liefert Conant (2005). Speziell zur Ultrafiltration vgl. Zeman & Zydney (2017), zur UV-Desinfektion und den Versuchen, sie industriell zu skalieren, vgl. Chen et al. (2017). Die Phytoreinigung beschreiben Terry & Banuelos (2000).
7. Zur Trinkwasserversorgung als Ziel terroristischer Angriffe und der Wirtschaftskriegführung vgl. Liechti (2020), Birkett & MalaJetmarova (2014), Gleick (2006). Kriegführende Parteien unterbrechen oder zerstören oft – auch völkerrechtswidrig – die zivile Versorgungsinfrastruktur, vgl. Runge & Graham (2020), GrechMadin (2021).
8. Maurer (2020) und Wille (2020) dokumentieren die Staus im Güterverkehr sowie deren ökonomische und juristische Konsequenzen.
9. Bei körperlicher Arbeit sind die Kalorienbedarfe wesentlich höher. Zu den Referenzwerten vgl. DGE/ÖGE/SGE (2015), zur Berechnungsmethode von Selbstversorgungsquoten siehe Clapp (2017), zu globalen Ländervergleichen Baer-Nawrocka & Sadowski (2019).
10. Zur Abhängigkeit der Erntefrequenz vom lokalen Klima und Boden vgl. Claas (2020). Zur international arbeitsteiligen Spezialisierung der Landwirtschaft vgl. FAO (2020c, 2020d).
11. Auch zermahlene Tierknochen liefern Phosphor, allerdings ist die Ausbeute zu gering für industrielle Bedarfe. Zur Bedeutung des Phosphordüngers siehe Bindraban et al. (2020). Deutschland könnte etwa 30 % seines Bedarfs aus recyceltem Phosphor decken (Meyer & Steinmetz, 2013). Zur weltweiten Entwicklung verschiedener Rückgewinnungstechnologien vgl. Nättorp et al. (2019).
12. Eine erwachsene Person, die sich autark versorgen und nicht auf Früchte und Getreide verzichten will, benötigt durchschnittlich 500 m^2 Ackerfläche (Seymour, 2019). Zur Artamanenbewegung, insbesondere ihrem ideologischen Einfluss auf Heinrich Himmler und die Siedlungspolitik der SS im besetzten Osteuropa vgl. Longerich (2008) und Fest (2003).

13. Angesichts der gesellschaftlichen und industriellen Dynamik des späten 19. Jahrhunderts und der damit verbundenen sozialen Frage propagiert Spyri (1880) eine religiös-konservative Gegenwelt, in der die Menschen einfach, aber gesund leben. Den Boom von Natur-, Heimat- und Operettenfilmen in der deutschen Nachkriegszeit dokumentiert Kaschuba (1989). Die Erzählung *A guide through the district of the Lakes* (1810) ist eine typische Programmschrift der Romantik, eine kommentierte Ausgabe liefert Gill (2004).
14. Flandern galt bereits im 14. Jahrhundert als „Weltmarkt des Westens" (Asmussen, 1999). Landwirtschaft und Lebenswelt im Frühabsolutismus kommentiert Sumption (1990: 11 ff.), zur Intensität körperlicher Arbeit in der vorindustriellen Landwirtschaft sowie der ländlichen Lebenserwartung vgl. Achilles (1993), Riley (2001). Die heutigen Versorgungsquoten im Großraum Paris zeigt SDRIF (2013). Zur Ernährungslage Frankreichs und den Problemen der Ernährungssicherheit in verschiedenen Ländern vgl. Kołodziejczak (2018).
15. Zur Umsiedlungspolitik der roten Khmer siehe Kiernan (2008) und Tyner (2017). Köln hat etwa eine Million Einwohner, sie leben auf einer Siedlungsfläche von ca. 405 km^2 (Stadt Köln, 2020). Bei einem individuellen Bedarf von 500 m^2 zur Selbstversorgung ergibt sich ein Flächenbedarf von 500 km^2. Zur Besiedlungsdichte in München vgl. Landeshauptstadt München (2020).
16. Zum Stadt-Land-Konflikt in der Periode zwischen Kriegskommunismus und Neuer Ökonomischer Politik vgl. Siegelbaum (1992) und Service (1997). Zur Bedeutung Ägyptens als „Kornkammer Roms" nach dem Ptolemäischen Krieg vgl. Hölbl (2001), Lloyd (2010).
17. Möglichkeiten städtischer Selbstversorgung diskutieren z. B. Coyne & Knutzen (2010) und McDougall et al. (2019). Zu improvisierten Proteinquellen vgl. Schlemmer (2020).
18. Richard II., König von England 1377–1399, schlägt 1381 den Bauernaufstand Wat Tylers nieder, der u. a. gesellschaftliche Liberalisierungen und ein Ende der Leibeigenschaft gefordert hatte. Nach der Schlacht bei Billericay verspottet er die unterlegenen

Bauern: „Knechte seid ihr, und in der Knechtschaft werdet ihr verharren" (Eiden, 1995).
19. Im 12. Jahrhundert gründeten die Zähringer in Süddeutschland und der Schweiz zwölf Städte nach einem einheitlichen Designprinzip (Baeriswyl, 2018). Städtisches Leben befreite von Frondienst und Naturalabgaben, auch die Steuerlast war relativ gering. Frei waren die Bauern allerdings erst „nach Jahr und Tag". Sofern der Grundherr sie vorher wiederfand und sieben Blutsverwandte die Leibeigenschaft bezeugen konnten, blieben sie ihm hörig (Schwarz, 2011).
20. Während und nach beiden Weltkriegen sind Großteile der deutschen Bevölkerung gezwungen, sich von staatlich rationierten Zuteilungen und Ersatzstoffen zu ernähren (Roehrkohl, 1991; Huegel, 2003). Zu den nicht ganz freiwilligen Selbstversorgern im Tiergarten vgl. Twardawa (2006), zum „Plan Wahlen" und der Rationierung von Lebensmitteln in der Schweiz vgl. Kreis (2016).
21. Zum prognostizierten Bevölkerungswachstum vgl. United Nations (2018, 2019). Zu den Produktivitätsgewinnen vgl. DLG (2016), zum Argument möglicher Qualitätsverschlechterungen durch Massenproduktion siehe Mäder et al. (2007). Die Kargheit tropischer Böden zeigt Rehm (1989). Die Ertragsminderung bei einer Landwirtschaft ohne Pestizide beleuchten Popp et al. (2013).
22. Zur Landwirtschaft der Ur- und Frühgeschichte siehe Wyss (1973), zur nassen Kultivierung von Reis vgl. Bray et al. (2015). Zur Karottenfarbe vgl. Stolarczyk & Janick (2011). Neophyten sind Pflanzen, die im betrachteten Gebiet ursprünglich nicht heimisch waren; ihre Bedeutung für die Ernährungssicherheit und das Wachstum der europäischen Bevölkerung beleuchten Salaman (2010) und Bergougnoux (2014). Den globalen Transfer von Mais und anderen Nutzpflanzen seit der frühen Neuzeit zeigt Seidel (2012).
23. Energie kann nur aus Masse oder durch Umwandlung einer Energieform in die andere erzeugt werden. Zu den Hauptsätzen der Thermodynamik vgl. Baehr & Kabelac (2012). Zur Bedeutung von

Primärenergieträgern für die menschliche Zivilisation und Wirtschaft vgl. Dietzel & Wagner (2013), Blum et al. (2020).
24. Ägypten musste beim Bau des Assuan-Staudamms u. a. die Tempel von Abu Simbel verlegen. Die Veränderung des alpinen Landschaftsraums durch den Kraftwerksbau dokumentiert Eggmann (2017).
25. Zum Ölmarkt vgl. BP (2020). Zur Prognose der künftigen Energieautarkie der USA vgl. BP (2015). Die Gewinnung fossiler Brennstoffe aus unkonventionellen Energieträgern und deren Bedeutung erläutern AAPG-EMD (2019). Förderkosten und Volatilitäten im Ölmarkt vergleichen Arezki et al. (2017). Zur globalen Ölschwemme infolge des Lockdowns vgl. McNally (2020). Zur Geschichte der Kohleförderung in Deutschland vgl. Umweltbundesamt (2017).
26. Die Schweiz propagiert seit 2007 das Staatsziel einer „2000-W-Gesellschaft". Ähnliche Initiativen gibt es in den USA und in verschiedenen Mitgliedsstaaten der EU (Sturm & Mennel, 2008).
27. Die Problematik erhöhter Strombedarfe für die Elektromobilität beleuchten Liimatainen et al. (2019), Bach et al. (2020). Zu den Kostenstrukturen der Wasserstofferzeugung vgl. Armaroli & Balzani (2007) und United States Department of Energy (2008).
28. Biologische Polymere können die derzeit benötigten Kunststoffmengen nicht erzeugen, und lediglich 6 % der globalen Plastikproduktion entfällt auf recycelte Altkunststoffe, vgl. IFBB (2020) und Chheda et al. (2007). Alkane haben eine Einfach-, Alkene eine Doppel- und Alkine eine Dreifachbindung zwischen ihren Kohlenstoffatomen. Die Weltproduktion von Naturkautschuk ist bedeutend geringer als die Weltnachfrage. Alkine lassen sich auch aus Calciumcarbid erzeugen, allerdings wäre die großindustrielle Produktion deutlich teurer. Ethin ist auch unter seinem Trivialnamen Acetylen bekannt (Brown & Poon, 2020).
29. Die nuklearen Länderprofile vergleicht eingehend World Nuclear Association (2020). Zur globalen Reichweite von Uran vgl. Umweltbundesamt (2020b). Uranhexafluorid versucht Boden

und Wasser auf lange Zeit, da Uranisotope eine extrem lange Halbwertszeit besitzen. Zur Zentrifugation von Uran und Toxizität von Uranhexafluorid vgl. Harding (2016), Babenko et al. (2016). Für eine Einführung in die Nukleartechnologie vgl. Murray & Holbert (2019). Zu *stuxnet* siehe Collins & McCombie (2012).
30. Zur Geschichte des Holzvergasers, insbesondere als Substitut bei Benzin- und Dieselmangel vgl. Eckermann & Grätz (2008). Die massive Subventionierung erneuerbarer Energien dokumentiert Luczak (2020). Zu den Systemkosten vgl. Hirth (2013). Die zu erwartenden Versorgungslücken prognostizieren Trainer (2007) und Moriarty & Honnery (2016). Zur Dieselsubstitution in Japan siehe Zhu et al. (2020), zur Wiederinbetriebnahme der AKW vgl. World Nuclear Association (2020).
31. Zu den Prognosen des künftigen Weltenergieangebots vgl. IEA (2019). M.K. Hubbert prognostizierte 1956 erstmals einen „Peak Oil" und trat daher für einen Ausbau der Kernenergie ein, aktuellere Prognosen zu fossilen Brennstoffen liefern Brandt (2007), Hirsch (2008), Maggio & Cacciola (2012).
32. Zum Forschungsstand chemischer Verfahren der Verölung siehe Jia et al. (2016), Goldberg & Goldman (2017), Pombeiro (2019), Stapf et al. (2019). Zur Bedeutung fossiler Energieträger für die heutige Weltwirtschaft siehe Malhotra (2013). Zum Kraftwerksbau der chinesischen Provinzregierungen vgl. Global Energy Monitor (2020). Chinesische Initiativen bei der „clean coal"-Technologie illustrieren Wang et al. (2020).
33. Zur den Berechnungsgrundlagen vgl. Schleicher (2011); eigene Berechnung basierend auf Umweltbundesamt (2020a).
34. Beispiele dezentraler Stromversorgung aus Wasserkraft in Nepal zeigen Karki & Shrestha (2007), die Lage in Montdidier dokumentieren Lopez et al. (2019). Zum zeitgenössischen Einsatz menschlicher Muskelkraft vgl. Kumar & Mundada (2017), Weerakkodi et al. (2020). Der Wirkungsgrad von Solarzellen liegt erst bei 46 % unter Laborbedingungen und bei ca. 20 % in der Serienfertigung, vgl. Fraunhofer ISE (2021).
35. Zum Protest kleinerer Länder gegen das Exportverbot vgl. Felbermayr (2020). Das französisch-schweizerische Gesundheits-

abkommen besteht seit 2019 (SR 0.131.334.93). Das nationale Angebot an Impfstoffen in der Schweiz erlaubte noch 2014 keine Vollversorgung der Bevölkerung (BAG, 2014).
36. Impfstoffe halten auch Viehbestände gesund und ihre Population stabil, sie sind daher essentiell für die Ernährungssicherheit (Zucker et al., 2016). Zur längeren Haltbarkeit vgl. Zilker et al. (2019), zur klinischen Wirkungslosigkeit homöopathischer „Medikamente" jenseits des Placeboeffekts vgl. FTC (2016).
37. China leistet zwar weltweit humanitäre Hilfe im Gesundheitssektor, verknüpft diese aber häufig mit politischen Interessen, vgl. Cohen (2020) und Gikiri (2017).
38. Triagemethoden und ethische Dilemmata bei einer Überlastung des Gesundheitssystems erläutern Metzger & Keupp (2020) und Costa & Pinho (2020).
39. Johnsons Lebensgeschichte erzählt Gimson (2006). Zur wachsenden Häufigkeit und Intensität globaler Pandemien vgl. Miller & Hagan (2017), zu deren grenzüberschreitender Verbreitung vgl. Weber & Wille (2020). Zu möglichen Alternativen zum Lockdown vgl. Hatzius et al. (2020).
40. Zum Problem der Lebensmittelverschwendung vgl. FAO (2017), zu sündigen Früchten siehe Reinhardt et al. (2020). Die Idee gezielter Verhaltenssteuerung durch harmlos erscheinende „Schubser" (nudges) geht zurück auf Thaler & Sunstein (2009). Zur latent autoritären Natur dieser Methode vgl. Goodwin (2012), Clavien (2018).
41. Zum Glühbirnenverbot siehe Verordnung 244/2009/EG. Zum (fehlgeschlagenen) Umdeutungsversuch der Glühbirne als „heatball" vgl. OVG Münster (Urteil vom 24.02.2012, 4 B 978/11). Zum „ausweichenden Unternehmertum", d. h. dem Ersatz dysfunktionaler formeller Institutionen durch informelle Alternativen vgl. De Soto (1989), Coyne & Leeson (2004), Greif & Kingston (2011).
42. Zu entsprechenden Beispielen aus der Wirtschaftsgeschichte des 19. und 20. Jahrhunderts siehe Lebergott (1981), Witt (2015), Kavieff (2001), NicKenzie Lawson (2013).

43. Bilden die nationalen Lizenzinhaber ein Kartell, können sie sogar die Monopolrente unter sich aufteilen (Pindyck & Rubinfeld, 2018). Vor Inkrafttreten der Dienstleistungsrichtlinie kostete eine Taxi-Konzession auf dem deutschen Schwarzmarkt bis zu 20.000 DM. Zur Geschichte und ökonomischen Analyse der Konzessionsvergabe vgl. Monopolkommission (2014).
44. Das globale Ausmaß der Preisunterschiede bei Konsumgütern zeigen Reid et al. (2019). Im Einzelhandel zu €20 angebotene Marken-T-Shirts kosten in der Produktion etwa €1.50, Markensportschuhe für €120 etwa €15–€20. Den größten Anteil dieser Handelsspanne kassieren Einzel- und Zwischenhändler ein (Hasan et al., 2020).
45. Zu historischen Monopolen im deutschen Telekommunikationsmarkt vgl. Reuter (1990), Witte (2002), zum Staatsmonopol der Post in den USA vgl. Shapiro (2018). Am Beispiel des Schienenverkehrs analysiert Link (2000) die vermeintlichen technischen Gründe für solche Monopole.
46. Als die Schweizer Nationalbank den erst 2011 eingeführten fixen Wechselkurs zum Euro wieder aufgab, wertete der Franken sofort um etwa 15 % auf, sodass inländische Produzenten und Exporteure sich einem starken Preis- und Wettbewerbsdruck ausgesetzt sahen. Ihre Anpassung an die neuen Verhältnisse analysieren Flückiger et al. (2016).
47. Das Arzneimittelgesetz ist u. a. eine Konsequenz des Contergan-Skandals, vgl. Maio (2011). Beispiele gut gemeinter, aber kontraproduktiver Konsumverbote liefert Bossong (2011). Nietzsche (1999) und Sartre (1991) diskutieren die mitunter quälende Selbstverantwortung des Individuums in einer säkularen Moderne radikaler Freiheit.
48. Die vermeintlich dekadente „Überproduktion" hat oft protektionistische Ursachen, d. h. der Staat belohnt ineffiziente Produktion, die anschließend abgeschrieben oder vernichtet werden muss, insbesondere im Agrarsektor, vgl. Weingarten (2020), Cassel & Thomas (2020). Zur Lösung von Lebensmittelverschwendung durch Spenden statt Verbote vgl. Lohnes (2020).

49. Local content-Klauseln sind ein nichttechnisches Handelshemmnis und daher unter WTO-Richtlinien verboten, vgl. Hestermeyer & Nielsen (2014).
50. Zum Kafala-System im Mittleren Osten vgl. Zahra (2015, 2018), zum ehemaligen „Saisonnierstatut" für ausländische Arbeitskräfte in der Schweiz vgl. Keller (1985).
51. Zur Fluktuation des Arbeitsangebots vgl. Franz (1994), Smith (1994), Sloane et al. (2013). Zur Furcht vor Arbeitsplatzverlust infolge der Arbeitsmigration vgl. Trede (2015), Arnorsson & Zoega (2018), Vasilopoulou & Talving (2019). Kipping (1992) beschreibt die Kollusion von Automobilproduzenten und Gewerkschaftern, um die japanische Konkurrenz in Europa und den USA auszuschalten. Den Beitrag der Arbeitsmigration zum wirtschaftlichen Aufschwung in West- und Gesamtdeutschland erläutert Abelshauser (1998).
52. Zur Bedeutung der Innovationskraft für die Wettbewerbsfähigkeit von Firmen und das Wachstum der Volkswirtschaft vgl. Schumpeter (1942), Solow (1956), Acemoglu (2008). Nonaka & Takeuchi (1995) erklären, warum soziale Interaktion notwendig ist, um implizites Wissen zu übertragen. Zur positiven Wirkung der Diversität auf die Innovationsfähigkeit vgl. Niebuhr (2010), Fassio et al. (2019), speziell zur positiven Wirkung hochqualifizierter Migration auf die Innovationskraft vgl. Nathan (2013).
53. Zur irrigen Annahme, dass Arbeitszeitverkürzung zusätzliche Arbeitsplätze schaffe, siehe BAK Basel (2013), Boeri et al. (2008). Zu den „Maschinenstürmern" des 19. Jahrhunderts vgl. Spehr (2000). Zu modernen Parallelen, insbesondere der Furcht vor der „Digitalisierung", vgl. Sieferle (2020). Optimistisch zur Umschulung äußert sich die Metaanalyse von Card et al. (2018), aus verschiedenen Gründen kritisch sind Calmfors (1995), Lechner et al. (2007), Sianesi (2008), Kruppe & Lang (2018). Die regionale Wirtschaftsgeschichte der St. Galler Textilindustrie dokumentiert Müller (2011).
54. Zum Zusammenhang struktureller Arbeitslosigkeit und wirtschaftlicher Öffnung vgl. Gozgor (2017). Zur Wirkung der bilateralen Abkommen auf die Erwerbslosigkeit und Langzeitarbeitslosigkeit

in der Schweiz gegen Ende der 1990er Jahre vgl. Bundesamt für Statistik (2021b).
55. Zur Förderung der Auswanderung durch die regionalen Herrscher vgl. Richards (1995), Robinson (2002), Monteiro Monasterio (2014). Die Auswanderungsinitiativen der Schweizer Ortsgemeinden im 19. und 20. Jahrhundert dokumentiert Arlettaz (1977).
56. Zu den Reaktionen der USA vgl. New York Times (1878), Byers (1880). Die Bedeutung der Arbeitsmigration für deren industriellen Aufschwung zeigen Ager & Brückner (2013); Sequeira et al. (2020). Zur Migration als Ausdruck individuellen Bewährungswillens vgl. Geis et al. (2013), Spörlein (2015). Zur intrakontinentalen Migration in Afrika und Amerika und ihren Ursachen vgl. United Nations (2019).
57. In Frankreich ist eine Mindestquote frankophoner Beiträge in Werbung und Medien gesetzlich verankert (Loi n° 94–665 (1994), „Loi Toubon"). Zu den ideengeschichtlichen Wurzeln und Ausdrucksformen nationalistischen Identitätsdenkens vgl. Fest (2003: 76), Zuber (2015: 155).
58. Die Urbanisierung in der Schweiz dokumentiert das Bundesamt für Statistik (2021a), zur steigenden Urbanisierung trotz Nettoauswanderung in Entwicklungsländern vgl. World Bank (2021a, 2021b). Zur Integrationswirkung des Arbeitsmarkts siehe Isphording (2014). Zur Steigerung urbaner Lebensqualität durch Nachverdichtung vgl. VLP (2015), Umweltbundesamt (2018), zu den Potenzialen grenzüberschreitender Nachverdichtung siehe IBA (2020).
59. Zum keynesianischen Argument, dass Handels- und Zahlungsbilanz nicht gleichzeitig zu liberalisieren seien, vgl. Helleiner (2015). Die heutige Kapitalverkehrsfreiheit beginnt mit dem Zusammenbruch des Systems von Bretton Woods im Jahr 1973, aber einzelne Kapitalverkehrskontrollen halten sich bis 1980, vgl. Helleiner (1994).
60. Derzeit ist die Schweizer 1000-Franken-Note die wertvollste Banknote der Welt. Sie ermöglicht es, auch größere Vermögen platzsparend zu horten. Die europäische Zentralbank gibt seit 2016 keine 500-Euro-Scheine mehr heraus, angeblich um die organisierte

Kriminalität zu unterbinden. Zirkulierende Noten behielten jedoch ihre Gültigkeit (Keim, 2018).
61. Zur chinesischen Kapitalflucht vgl. Gunter (2017), Rode et al. (2019). Zum Ausmaß der russischen Kapitalflucht siehe z. B. Brada et al. (2011). Die Aktivität chinesischer und russischer Investoren in ausländischen Immobilienmärkten dokumentiert z. B. Rogers (2017).
62. Zu den positiven Nettoeffekten von Freihandel gegenüber protegierten Inlandsmärkten vgl. Giordani et al. (2016), Abboushi (2010). Ängste vor ausländischen Direktinvestitionen dokumentieren z. B. Matthes (2020) und Button (2020).
63. Zur grundsätzlich positiven Wirkung von Direktinvestitionen auf die wirtschaftliche Entwicklung vgl. Borensztein et al. (1998), Choe (2003), Neuhaus (2006), Irwin (2019), Soto (2000), Azman-Saini et al. (2010). Zur zweischneidigen Natur ausländischer Direktinvestitionen in Entwicklungs- und Schwellenländern vgl. Feenstra (1996), Acemoglu & Robinson (2012) und Li & Liu (2005). Zu erzwungenen Joint Ventures in China vgl. Zhang & Corrie (2018), Kleinberg (2019), speziell zur schrittweisen Liberalisierung dort vgl. Howell (2020).
64. Ökonomische Missstände in Entwicklungsländern sind oft die Folge isolationistischer Politik oder eines unkritischen Imports fremder Institutionen (Easterly et al., 2006). Erfolgreiche wie auch fehlerhafte Öffnungspolitiken illustrieren Acemoglu & Johnson (2005), Daude & Stein (2007) und Francis et al. (2009). Die ostdeutsche „Transformationskrise" beleuchten Brücker (1995), Buettner & Rincke (2007) und Alecke et al. (2010).
65. Zum Dawes-Plan und dem europäischen Aufschwung der 1920er Jahre vgl. Eichengreen (1995). Ursachen und Folgen der „Dutch disease" erklären Enders & Herberg (1983).
66. Aremu (2018) beleuchtet die lateinamerikanische Schuldenkrise der 1980er Jahre, Jackson (2018) die Asienkrise der 1990er Jahre, Bergin et al. (2011) die irische und Matthiasson (2009) die isländische Bankenkrise.
67. Die Verflechtung des globalen Güter- und Zahlungsverkehrs erläutern Goodman & Pauly (1993). Art 63 Abs. 1 und

2 AEUV untersagt daher zurecht alle Diskriminierungen und Beschränkungen im mitgliedstaatlichen Zahlungsverkehr des EU-Binnenmarkts. Dabei kommt es nicht darauf an, ob die Zahlungen eigenständige Bewegungen darstellen oder Warenlieferungen bzw. Dienstleistungen bezahlen.

68. Zur Geschichte und wirtschaftspolitischen Analyse des Eurodollarmarkts vgl. Saadma & Vaubel (2014).
69. Das Trilemma der Geldpolitik erklären Obstfeld et al. (2005). Zur Geldpolitik der Schweizer Nationalbank in den 1970er Jahren vgl. Bundesrat (2002). Zu den Grundlagen der Geldpolitik und Geldschöpfung siehe Anderegg (2014), speziell zur Negativzinspolitik Wu & Xia (2020). Constable (2020) und Bhansali (2021) erklären, warum Investoren auch Anleihen mit negativen realen Renditen kaufen.
70. Zur Bedeutung grenzüberschreitender Kapitalflüsse für die Stabilität des globalen Finanzsystems vgl. Bruno & Shin (2013), Akinci & Queralto (2014), Inekwe & Valenzuela (2020). Die fehlende internationale Koordination der Zentralbanken trug wesentlich zur Eskalation der Weltwirtschaftskrise nach 1929 bei, vgl. Eichengreen (1995). Die erfolgreiche Kooperation bei der Eindämmung der Finanzkrisen des frühen 21. Jahrhunderts beschreiben Drezner (2014) und Eichengreen (2015).

Zukunft

Verantwortung

Der Morgen ist noch frisch und der Waldboden lehmig, als Gyula Horn und Alois Mock bei Sopron aus ihren Limousinen steigen und auf den übermannshohen Stacheldrahtzaun zugehen, der die grüne Grenze zwischen Österreich und Ungarn hermetisch abriegelt. Am 27. Juni 1989 wollen sie umsetzen, was ihre Diplomaten ausgehandelt haben, ein kleines Loch in den Eisernen Vorhang schneiden. Es soll ein symbolischer Akt guter Nachbarschaft sein, nichts weiter. Drahtscheren werden herbeigeschafft. Es dauert keine zehn Minuten. Nur wenige Fotografen sind anwesend. Die Weltöffentlichkeit nimmt kaum Notiz. Beide Politiker lächeln, geben sich die Hand und fahren wieder davon. Noch ahnen sie nicht, welche Kräfte sie freigesetzt haben.[1]

Viele Zäune sind seither durchschnitten worden, viele Mauern gefallen, die so mancher für unüberwindlich hielt. Die Sowjetunion hat sich aufgelöst, ihre ehemaligen Satellitenstaaten sind frei. Aus Entwicklungsländern, die verworrenen Ideologien folgten, sind exportierende Industrienationen geworden. Der Seeverkehr und der virtuelle Raum verbinden eine international arbeitsteilige Weltwirtschaft.

© Der/die Autor(en), exklusiv lizenziert durch Springer Fachmedien Wiesbaden GmbH, ein Teil von Springer Nature 2021
M. M. Keupp, *Die Illusion der Abschottung*,
https://doi.org/10.1007/978-3-658-34957-8_3

Das Kapital fließt fast ungehindert. Menschen reisen vielerorts freier als vor 1989. Obwohl diese Freiheit den jahrzehntelangen Anstrengungen vieler kluger Menschen zu verdanken ist, verpflichtet deren Vermächtnis nicht die Zukunft. Wirtschaftspolitische Überzeugungen sind weltanschaulich begründet, und so hängt es vom Zeitgeist ab, welche Perspektive sich durchsetzt. Daher kann kein Staat auf eine dauerhafte wirtschaftspolitische Praxis seiner Nachbarn vertrauen. Handelsabkommen begründen auch kein Völkergewohnheitsrecht. Sie sind kündbar. Die Nationalstaaten sind souverän, und sie können sich durchaus wieder für die Isolation entscheiden, wenn ihre Völker oder Machthaber es so wollen.

Schon oft haben sie vorteilhafte Freihandelsabkommen gekündigt, unvorteilhafte Verträge abgeschlossen, laufende Verhandlungen abgebrochen und sich geweigert, unterschriebene Verträge zu ratifizieren. Viele Staaten haben zwischen 1980 und 2020 ihren Wohlstand verspielt, und zwar nicht aufgrund äußerer Zwänge, sondern durch inkompetente Wirtschaftspolitik: Argentinien, Venezuela, Sambia, Simbabwe, Iran – um nur einige zu nennen. Politiker müssen auch nicht zwingend den gesamtwirtschaftlichen Wohlstand fördern. Um wiedergewählt zu werden oder sich an der Macht zu halten, können sie auch Subventionen verteilen, ihre Anhänger protegieren oder das nationale Kollektiv beschwören.[2]

Ein Staat darf sich isolieren, aber er darf sich nicht wundern, wenn die Rechnung eintrifft. Wenn er sich abschotten will, müssen seine Bürokraten die Wirtschaft nach innen regulieren, und seine Grenzpolizisten müssen sie nach außen abriegeln. Ihre Löhne muss der Staat bezahlen, obwohl beide nicht wissen und auch gar nicht wissen können, was der einzelne Konsument will oder die einzelne Firma braucht, welche Reisen dringlich und welche entbehrlich sind.

Jede bürokratische Wirtschaftsplanung verursacht daher vier grundsätzliche Verluste: Bürokraten erstellen oder beschaffen, was unnötig ist (Verschwendung), bestellen tatsächlich Benötigtes nicht oder zu wenig davon (Mangelwirtschaft), beschaffen es zu langsam, zu teuer oder zu arbeitsintensiv (Ineffizienz), oder das Beschaffte ist qualitativ minderwertig (Verderb). Die Folgekosten dieser Fehlplanungen tragen die Einwohner.[3]

Der Nahrungsmittelbedarf der Bevölkerung lässt sich vielleicht noch abschätzen, weil die benötigte Kalorienmenge einfach zu berechnen ist. Aber schon die zukünftige Arbeitsnachfrage ist unvorhersehbar, weil der Arbeitsmarkt vom (nur unvollständig prognostizierbaren) Konjunkturverlauf abhängt. Planen die Bürokraten falsch, so fallen gering qualifizierte Arbeitskräfte durch das staatlich administrierte Punktesystem, das darüber entscheidet, wer einreisen darf. Im Hochlohnsektor findet keine Innovation mehr statt, weil die Kontingente für Fachkräfte schon ausgeschöpft sind.

Bürokraten können weder gesellschaftliche noch technologische Entwicklungen voraussehen, weil hierfür Wissen erforderlich ist, das teils in der gesamten Ökonomie verteilt ist, teils erst in der Zukunft entsteht. Sie unterliegen einer grundsätzlichen Kontrollillusion, wenn sie dennoch daran glauben, und daher müssen sie ihre Planungen immer wieder, wenngleich verspätet, an die unerwarteten Wendungen des Lebens anpassen. Schon Ludwig von Mises und Friedrich Hayek haben auf dieses fundamentale Informationsproblem hingewiesen und gezeigt, dass es unweigerlich zu einer autoritären Willkürherrschaft führt. Denn Bürokraten müssen behaupten, dass sie besser als die Menschen wüssten, was diese benötigten, und dass sie deren Bedarfe auch besser bereitstellen könnten – ansonsten gäbe es keinen Grund, sie zu beschäftigen und zu bezahlen. Daher müssen sie ihre Planungen auch und gerade dann durchsetzen, wenn die Einwohner damit nicht einverstanden sind.[4]

Freie Menschen können aber mit den Füßen über bürokratische Planungen abstimmen. Jedes Regime, das solche Pläne auch gegen die eigenen Einwohner durchsetzen will, fürchtet diese Abwanderung. Denn kein Staat, mag er sich auch noch so fürsorglich geben, steht allein in der Welt. Er ist von anderen Staaten umgeben, und seine Politik konkurriert mit deren Regelsystemen.[5]

Ein abgeschotteter Staat ist, von außen betrachtet, eine Insel. Für liberaler orientierte Nachbarn ist es teuer und umständlich, wirtschaftliche Beziehungen mit ihr zu unterhalten. Hochqualifizierte Arbeitskräfte sind global mobil; sie arbeiten dort, wo sie willkommen sind.

Die isolierten Unternehmen exportieren daher nicht nur weniger, auch ihre Technologie fällt immer weiter hinter das Weltniveau zurück. Um ihr Geschäft zu retten, gründen sie Tochtergesellschaften im liberaleren Ausland und verlagern ihr Geschäft dorthin. Als 2006 die EU und die USA über ein Freihandelsabkommen verhandelten, erwog so manches Schweizer Unternehmen, seinen Sitz in den Europäischen Wirtschaftsraum zu verlagern.[6]

Britische Banken begannen bereits 2016, ihre Finanzdienstleistungen nach Kontinentaleuropa zu verlagern, weil sie befürchteten, diese nach dem Brexit nicht mehr im EU-Binnenmarkt anbieten zu dürfen. In der Dordogne und an der Algarve stiegen die Immobilienpreise, weil viele Engländer nicht auf die Personenfreizügigkeit verzichten wollten und daher ihren Wohnsitz in die EU verlagerten.

So mancher Staat sperrt daher seine Einwohner präventiv ein. In Deutschland untersagt die sowjetische Militärregierung bereits 1945 den Transit in die westlichen Besatzungszonen. Da sich die Abwanderung aber fortsetzt, befestigt die DDR ab 1952 die innerdeutschen Land- und Seegrenzen („Aktion Ungeziefer"). Nur in Berlin können sich die Menschen noch weitgehend frei zwischen den alliierten Sektoren bewegen, bis die Mauer 1961 auch dieses letzte Schlupfloch schließt. Aus der Perspektive der Machthaber war es höchste Zeit, denn seit 1945 waren jedes Jahr bis zu einer halben Million Menschen in den Westen abgewandert.[7]

Als die sozialistische Wirtschaftspolitik in Venezuela zu Stromausfällen und Nahrungsmangel führte, wanderten immer mehr Einwohner in die benachbarten Staaten ab. Das autoritäre Regime schloss daher zwischen August 2015 und August 2016 sowie erneut zwischen März und Juni 2019 die Außengrenzen, aber dennoch haben bis heute fast fünf Millionen Einwohner das Land verlassen. Wenn diese Abschottungspolitik historische Vernetzungen durchtrennt, dauert es lange, bis sie wieder zusammenwachsen. Die regionalen, über Jahrhunderte gewachsenen Beziehungen der hessischen, thüringischen und fränkischen Wirtschaftsräume sind bis heute nicht vollständig wiederhergestellt. Auch in der österreichisch-ungarischen Grenzregion sind die Spuren des Kalten Krieges immer noch spürbar.

Bereits während der Flüchtlingskrise 2015 war den europäischen Staaten bewusst, wie teuer sie eine Politik der Abschottung zu stehen kommt. Wer wieder systematische Grenzkontrollen im Schengenraum einführen will, muss erklären, wer die jährlichen Wohlstandseinbussen von 13 Mrd. EUR tragen soll. Dauerhafte nationale Grenzkontrollen werden Verluste zwischen 40 und 140 Mrd. EUR jährlich verursachen.

In Irland ist die politische Teilung des insularen Wirtschaftsraums nicht überwunden, im Gegenteil. Der Brexit hat sie noch verkompliziert. Seit 2016 hat die Eurozone bereits 60 Mrd. EUR an Wertschöpfung verloren, und ein harter, „no deal"-Brexit hätte jährliche Exportverluste von 33 Mrd. EUR verursacht. Allein für das Transportgewerbe prognostizierte die „Operation Yellowhammer" einen jährlichen Verlust von 10 Mrd. Pfund, und die Spediteure erlebten einen Vorgeschmack der selbstbestimmten Zukunft, als französische Zöllner im Dezember 2020 vorsorglich das Kontrollregime eines harten Brexits „einübten".[8]

Die Kündigung aller heute existierenden Freihandelsabkommen würde 211 Mrd. US-$ pro Jahr kosten, und wer wieder Schutzzölle zum maximal möglichen Satz einführen möchte, sieht sich mit jährlichen Wertschöpfungsverlusten von 634 Mrd. US-$ konfrontiert.

Die Kosten sind am höchsten, wenn sich Handelspartner wechselseitig abschotten, denn der eigene Export ist des anderen Import. Wenn der Staat bestehende Handelsbeziehungen untersagt oder unrentabel macht, können die inländischen Unternehmen ihre Produkte nicht mehr exportieren. Bei gleicher Inlandsnachfrage drosseln sie daher die Produktion, sodass die inländische Arbeitslosigkeit steigt. Die USA begannen 2017 einen Handelskrieg gegen China und andere Nationen. Seither verloren sie jedes Jahr etwa 51 Mrd. US-$ an Wertschöpfung. Schon in den 1930er Jahren hat die Welt solche Handelskriege geführt. Keinem der Beteiligten haben sie langfristig genützt. Obwohl die europäischen Außen- und Binnengrenzen „nur" zwölf Wochen lang und „nur" für den individuellen Reiseverkehr abgeriegelt waren, sind die wirtschaftlichen Verluste enorm. Allein im Frühjahr 2020 hat der Lockdown fast ein Siebtel des europäischen Bruttoinlandsprodukts in nur zehn Wochen vernichtet.[9]

Wer nach 1989 in einem Schengenstaat geboren wurde, kannte leere Supermarktregale, verriegelte Grenzübergänge und penible Personenkontrollen nur noch aus dem Geschichtsunterricht. Diese Generation sah bisher nichts Besonderes darin, frei zu reisen, zu studieren und zu arbeiten. Brexit und Lockdown konfrontieren auch sie mit Verhältnissen, die als überwunden galten.

Niemand weiß, ob es in diesem Jahrhundert nicht zurück in die Welt ihrer Eltern geht, wo staatlich protegierte Betriebe das ausländische Angebot fernhalten, selbstherrliche Zöllner im Gepäck wühlen, das nationale Kollektiv wieder Mauern baut. Schnell senkt sich der Schlagbaum, aber lange muss man diskutieren, bis er sich wieder hebt.

Freiheit

Jennifer sehnt sich nach einem schöneren Leben und bemerkt, dass „da draußen die Welt", alles „voller Welt" sei. Stromberg antwortet empört, sie sage das so, „als ob das etwas Gutes wäre". Die Menschen haben unterschiedliche – und mitunter unvereinbare – Perspektiven auf das Leben. Dennoch sind alle Menschen frei, ihr Leben nach dem eigenen Willen zu gestalten, auch und gerade wenn der Staat glaubt, er wisse es besser oder müsse gar das unverantwortliche Individuum vor sich selbst schützen.

Nicht der freie Mensch ist dem Staat rechenschaftspflichtig, sondern umgekehrt. Der Staat rechtfertigt seine Existenz aus dem Gedanken, dass er seine Einwohner *besser* schützen oder versorgen könne als sie selbst. Denn ansonsten bräuchten sie keinen Staat zu gründen, sie könnten ihre Versorgung selbst organisieren und auch individuell Gewalt anwenden, um ihre Rechtsgüter zu schützen: Leben (und damit auch die Lebensgrundlagen), körperliche Unversehrtheit, Freiheit und Eigentum. Dieser Schutzauftrag ist im Wesentlichen unbestritten, denn wenn der Staat unfähig ist, ihn zu erfüllen, verliert er jede moralische Legitimität; der (implizite) Gesellschaftsvertrag erodiert, und die Abstimmung mit den Füssen und dem Portemonnaie setzt ein.[10]

Staatliche ist daher immer nur abgeleitete Autorität, und daher ist sie der Freiheit der Einwohner – ihrem vornehmsten Naturrecht – verantwortlich.

Der Staat muss daher den Nachweis erbringen, dass er tatsächlich imstande ist, besser für die Einwohner zu sorgen als sie selbst, er muss zeigen, dass sie sich besserstellen, wenn er die Wirtschaft lenkt. Dieser Nachweis gelingt selten.

Im Jahr 2016 überquerten mehr als 750.000 Personen, 350.000 Fahrzeuge und 21.000 Lastwagen die schweizerischen Aussengrenzen – pro Tag. Die Luxemburger sind im eigenen Land meistens in der Minderheit. Nur etwa die Hälfte der 625.000 Einwohner besitzt auch die Staatsbürgerschaft, und werktags kommen 200.000 belgische, deutsche und französische Grenzpendler hinzu. Wer im Namen der inneren Sicherheit diese Verkehre penibel kontrollieren will, legt die Wirtschaft lahm. Keine Grenzpolizei sieht es gerne, wenn der Schlagbaum sich hebt, denn je weniger frei die Verkehre fließen dürfen, desto strenger muss sie sie kontrollieren, und desto sicherer und zahlreicher sind die Arbeitsplätze in ihren Behörden. Ein restriktives Kontrollregime verbraucht daher weitaus mehr staatliche Mittel als es Zölle und Strafabgaben erwirtschaftet. Die DDR gab zuletzt 10 % des Staatsbudgets nur dafür aus, die innerdeutsche Grenze lückenlos abzudichten und den Reiseverkehr penibel zu überwachen. So mancher glaubt heute, es wieder so machen zu müssen.[11]

Wer einen freien Personenverkehr realisieren will, strebt lediglich Verhältnisse an, die vor dem Ersten Weltkrieg selbstverständlich waren. Bis 1914 konnten Menschen regional wie global weitgehend formlos reisen und arbeiten. Nur eine kleine Minderheit besaß überhaupt einen Reisepass. An den europäischen Binnengrenzen gab es mitunter Zoll-, aber keine systematischen Personenkontrollen. Die heutige Menschheit kann von solchen Verhältnissen nur träumen. Wer heute dafür plädiert, gilt schnell als nachlässig und naiv; scheint als gefährlich geltenden Eindringlingen nichts entgegensetzen zu wollen. Milton Friedman glaubte, dass offene Grenzen und staatliche Sozialsysteme unvereinbar seien; heutige libertäre Denker argumentieren differenzierter. Freiheitliche Staaten haben eine schwierige Aufgabe zu lösen, sie müssen die innere Sicherheit gewährleisten, ohne den internationalen Güter- und Reiseverkehr lahmzulegen. Althergebrachte Methoden sind hierzu nicht länger imstande, zeitgenössische Dispositive müssen den wirtschaftlichen Realitäten gerecht werden. Im Schengenraum gibt es keine systematischen Personenkontrollen an den Grenzen mehr, wohl aber das grenzüberschreitende Fahndungssystem SIS; auch im Hinterland wird mobil und risikobasiert kontrolliert.[12]

Der Staat mag einlagern, was regelmäßig benötigt wird, und er mag diesen Bestand bürokratisch bewirtschaften lassen, aber Versorgungssicherheit schafft er damit nicht. Selbst nationale Vorratslager sind schneller leer, als so mancher glaubt. Wenn alle Importe ausbleiben, ist die „strategische" Ölreserve der USA bereits nach 40 Tagen aufgebraucht.

Kein Tanker kommt mehr den Rhein hinauf, wenn der Wasserstand zu niedrig oder das Schleusentor defekt ist. Die Schweiz ist dann schon nach wenigen Tagen gezwungen, ihre Pflichtlager freizugeben. Deren Treibstoffvorrat reicht einige Tage für eine autarke Versorgung aus, der eingelagerte Reis- und Zuckervorrat etwa drei bis vier Monate. Diese Verhältnisse sind geradezu paradiesisch, denn die britische Bevölkerung kann sich nicht einmal zwölf Tage lang von den landesweit verfügbaren Lebensmitteln ernähren. Ein überregionales Vorratslager bunkert Kapazität für zehn Millionen Naturalverpflegungstage, d. h. es kann zehn Millionen Menschen genau einen Tag lang ernähren, falls die Versorgung zusammenbricht. Die Bestände reichen länger, wenn der Staat die Bevölkerung zwingt, zu hungern. Es ist im Übrigen fraglich, inwiefern die eingelagerten Bestände überhaupt bei ihr ankommen, wenn die Kapazität der Verkehrswege nicht ausreicht, um den Verteilerverkehr aufzunehmen. Die Menschen wissen das instinktiv, auch wenn sie die Zahlen nicht kennen. In Krisenzeiten stürmen sie daher die Supermärkte, anstatt der Versorgungsbürokratie zu vertrauen.[13]

Der Lockdown hat deren Planungen als illusorisch entlarvt. Im März 2020 brach die Lebensmittelversorgung in Europa nur deshalb nicht zusammen, weil die Staaten ihre Grenzübergänge und Seehäfen für den gewerblichen Güterverkehr offenhielten. Vorratslager sind sinnvoll, um stochastische Angebotsschwankungen zu puffern, z. B. wenn ein wichtiger Verkehrsweg einige Tage lang blockiert ist oder das fragliche Gut eine lange Lieferfrist hat. Die nationale Versorgung können sie jedoch nicht ersetzen. Auch wenn der Selbstversorgungsgrad eines Staates normalerweise größer als 100 % ist, kann er dennoch von

Missernten oder Naturkatastrophen getroffen werden, sodass er gezwungen ist, zumindest temporär Nahrungsmittel zu importieren.

Wer eine von nationalen Gegebenheiten und internationalen Zwischenfällen unabhängige Versorgung schaffen will, sollte die Grenzen für den globalen Güterverkehr öffnen und die Importwege diversifizieren. Im Inland werden Versorgungsgüter nur dann produziert, wenn es ökonomisch sinnvoll ist. Ansonsten werden sie am Weltmarkt eingekauft. Diese Versorgungsstrategie ist nicht mit zeitgenössischen Plantagen in Entwicklungsländern zu verwechseln, deren Erzeugnisse ins eigene Land abtransportiert werden („land grabbing"). Jedes Land produziert frei und nach eigenem Ermessen, was es will, kauft am Weltmarkt, was fehlt, und bietet Überschüsse dort an.[14]

Diese Versorgungsstrategie macht auch die Lagerhaltung effizienter. Da die Unternehmen ihre Produktionstechnologie am besten kennen, können sie ihre Sicherheitsbestände verlässlicher planen als die staatliche Versorgungsbürokratie. Da jeder Lagerbestand auch Kapital bindet, werden sie nur Güter einlagern, die unverzichtbar sind, um die Produktion aufrechtzuerhalten, sowie solche, die lange Lieferfristen haben.

Ist die Versorgung mit einem bestimmten Gut unterbrochen, können sie selbst am Weltmarkt alternative Bezugsquellen finden. Obwohl es im März 2020 kaum größere Bestände von medizinischen Schutzmasken in Europa gab – nicht zuletzt aufgrund bürokratischer Fehlplanungen –, war genügend Produktionskapazität in der Welt vorhanden. Europäische Importeure bestellten die benötigten Mengen, chinesische Produzenten verfünffachten binnen weniger Wochen ihre Tagesproduktion von 20 auf 110 Mio. Masken, und der globale Seeverkehr verteilte sie schnell in der ganzen Welt.

Dieses Modell ist auf offene Handelswege angewiesen, und der Transport ist schwierig, wenn es keine Verkehrsinfrastruktur gibt oder die bestehenden Wege leicht zu blockieren sind. Daraus ergibt sich jedoch nicht, dass die international arbeitsteiligen Wertschöpfungsketten wieder nationalisiert werden sollten. Man kann auch neue Verkehrswege bauen. Es ist gefährlich, Kap Hoorn und das Kap der Guten Hoffnung zu umrunden, aber der Welthandel fließt heute durch den Panama- und Suezkanal. Und wer sich nicht mit den Isteiner Schwellen abfinden will, kann einen Grand Canal d'Alsace projektieren.

Verkehrswege mit beschränkter Kapazität lassen sich erweitern, sodass sie resilienter werden. Sind die Schleusentore in Kembs defekt, endet der Rheinweg nicht in Basel, sondern in Straßburg – wer das nicht akzeptieren will, muss neue Schleusenkammern bauen. Der Superfrachter *Evergreen* blockierte im April 2021 einige Tage lang den Suezkanal, sodass sich hinter ihm der Schiffsverkehr staute – aber nur deshalb, weil es keine parallel verlaufenden Ausweichkanäle gab.

Im Sommer 2017 war der Schienengüterverkehr auf der Rheintalstrecke für mehrere Monate unterbrochen – ausgerechnet an einem Abschnitt, den täglich 210 Güterzüge durchfahren. Die Waren wurden zwar, wenn auch unter erheblichen Zusatzkosten und mit Verzögerung, auf Binnenschiffe und LKW umgeladen. Der Vorfall illustrierte aber, wie stark der Schienengüterverkehr entlang der politischen Grenzen fragmentiert ist. Es gibt zwar einen parallel verlaufenden Gleiskorridor, der linksrheinisch die belgischen, luxemburgischen und ostfranzösischen Strecken verbindet, aber dieser konnte den Verkehr aus technischen wie aus regulatorischen Gründen nicht aufnehmen.[15]

Selbst wenn die Verkehrswege frei sind, könnten mächtige Akteure versuchen, das Angebot zu kontrollieren. An einem freien Weltmarkt greift jedoch der Preismechanismus korrigierend ein. Seit den Nullerjahren sind die Metalle der seltenen Erden (rare earth elements, REE) sehr begehrt, denn sie sind aus Smartphones, LEDs und Magneten nicht mehr wegzudenken. Kurz bevor dieser Boom begann, legten amerikanische Minen die Produktion still, weil steigende Arbeitskosten und strengere Umweltschutzgesetze keinen rentablen Betrieb mehr gestatteten. Seit 2009 kam das Weltangebot zu 95 % aus China, weil dort die Vorkommen reichlich, die Arbeitskosten und Umweltstandards hingegen tief waren. Chinesische Produzenten versuchten, höhere Weltmarktpreise durchzusetzen, indem sie das Angebot rationierten. Diese Preissteigerung macht aber die amerikanische Produktion wieder rentabel. Wenn der Weltmarktpreis steigt, werden außerdem Recyclingverfahren ökonomisch interessant. Die mächtigen Akteure erreichten daher das Gegenteil dessen, was sie bezweckten. Heute sind die meisten Metalle am Weltmarkt günstiger als noch 2011 erhältlich, und schon 2012 baute Frankreich ein großes Werk, das sie aus Elektroschrott recycelt („urban mining").[16]

Wer seine Versorgung weltweit diversifiziert hat, braucht regionale Akteure nicht mehr zu fürchten. Noch 2014 konnte Russland der Ukraine drohen, die regionalen Pipelines zu verriegeln und so die dringend benötigten Erdgaslieferungen einzustellen. Seit 2015 ist der internationale Gasmarkt aber nicht länger regional, sondern global organisiert. Verflüssigtes Erdgas (liquid natural gas, LNG) ist global verfügbar, spezielle Tankschiffe transportieren die amerikanische, australische und qatarische Produktion zu den weltweit verteilten Abnehmern. Wer ein LNG-Terminal besitzt, kann sich global versorgen und ist nicht länger auf regionale Pipelines angewiesen.[17]

Wenn sich der Staat von internationalen Versorgungsnetzen isoliert, schafft er nicht etwa Sicherheit, vielmehr gefährdet er die Lebensgrundlagen seiner Einwohner. In einem Stromübertragungsnetz müssen Stromangebot und Stromnachfrage stets ausgeglichen sein, ansonsten fluktuiert dessen Normfrequenz. Schon kleine Abweichungen beschädigen Leitungen und Transformatoren, bei permanenten Ungleichgewichten kollabiert das Netz.

Ein national isoliertes Netz ist daher fragil, denn es kann überschüssige Kapazität nicht ableiten – den Betreibern bleibt nur, überlastete Komponenten abzuschalten oder die Produktion zu drosseln. Wenn die Stromnachfrage steigt, können sie den zusätzlich benötigten Strom nur in den heimischen Kraftwerken erzeugen, und wenn deren Kapazität nicht ausreicht, müssen sie die Stromversorgung rationieren, um das Netz zu stabilisieren. Es entsteht eine Strommangellage.

Noch um 1950 waren die Stromnetze der europäischen Staaten voneinander isoliert. In der Schweiz konnte das Stromangebot nicht mit der Nachfrage Schritt halten. Selbst heute noch ist sie im Winter auf Importe angewiesen. Sie baute zwar neue Wasserkraftwerke in den Alpen, aber das Netz blieb fragil. Erst ein radikaler Strukturwechsel verbesserte die Lage. Ein multilateraler Staatsvertrag machte 1958 den „Stern von Laufenburg" möglich – eine komplexe Schaltanlage, die das schweizerische, französische und deutsche Stromnetz verbindet. Sie ermöglichte erstmals eine grenzüberschreitende Leistungs- und Frequenzregelung.

In dieser Struktur stabilisieren sich die Netze gegenseitig. Ist die nationale Leitungskapazität ausgereizt, leiten die Betreiber das Überschussangebot in die angrenzenden Netze ab; diese wiederum liefern zusätzliche Kapazität, wenn eine nationale Unterversorgung droht. Grenzüberschreitende Übertragungsnetze können auch überschüssige Kapazität stilllegen oder zusätzliche Kraftwerke aktivieren *(„redispatch")*. Das ist nicht nur effizienter, als die nationalen Netze mittels Phasenschiebern abzuschotten, auch die Netzbetreiber verdienen an diesen Dienstleistungen.

Die Schweiz konnte sich so zur „Batterie Europas" entwickeln. Heute fließen 10 % des europäischen Stroms durch ihr Übertragungsnetz. Es gleicht die reichlich fließende deutsche und französische Stromproduktion mit der italienischen Nettonachfrage aus, und es glättet die wetterbedingt fluktuierende Einspeisung nordeuropäischen Wind- und Solarstroms. Wer die Trennung dieser effizienten Netzintegration fordert, verhindert keine Blackouts, sondern macht sie wahrscheinlicher.

Alle europäischen Stromübertragungsnetze sind heute miteinander verschaltet. Sie bilden eine transnationale Infrastruktur, die sich von Portugal bis Russland erstreckt. Dieser Verbund ist nicht bürokratisch geplant, sondern natürlich gewachsen, weil das grenzüberschreitende Interesse an einer stabilen und sicheren Versorgung alle politischen Widerstände überwunden hat. Anstatt regulatorisch in diese Struktur einzugreifen, sollte der Staat lieber ihre völkerrechtlichen Grundlagen stärken und es den Netzbetreibern überlassen, die optimale topologische Struktur zu finden.[18]

Wenn der Staat seinen Einwohnern verbietet, Güter aus Entwicklungsländern zu konsumieren, weil er deren Produktionsmethoden als unmoralisch oder minderwertig empfindet, schädigt er diejenigen, die er zu schützen glaubt. Er hat dann nicht nur ein koloniales Weltbild, das die nationalen Standards zur globalen moralischen Richtschnur erklärt, er liegt auch ökonomisch falsch. Wenn ein Land technologisch unterentwickelt ist, kann es seine Produkte nur dann am Weltmarkt verkaufen, wenn sie preislich wesentlich günstiger sind. Wenn es in dieser Lage nach den Standards entwickelter Länder produziert und deren Löhne zahlt, steigen die Produktionskosten, während die Produktivität gleichbleibt. Die lokalen Betriebe müssen daher die Verkaufspreise anheben, um die Kostensteigerung zu kompensieren, sodass ihr Absatz sinkt.

Auch die Arbeitnehmer können erst dann bessere Arbeitsstandards oder höhere Löhne einfordern, wenn ihre Produktivität gestiegen ist, weil sie den Unternehmen dann drohen können, auf besser bezahlte oder weniger anstrengende Stellen abzuwandern. Solange sie nicht in die westlichen Länder auswandern, sind deren Löhne und Standards für sie irrelevant. Entscheidend ist nicht, was sie dort verdienen könnten, sondern welche alternativen Beschäftigungsmöglichkeiten sie im eigenen Land haben.[19]

Wenn die Entwicklungsländer die Herkunft und Produktionsmethoden auf der Verpackung dokumentieren müssen, kann der Staat auf Konsumverbote verzichten. Die Konsumenten stimmen dann mit dem Portemonnaie darüber ab, inwiefern sie diese Produkte kaufen oder boykottieren möchten. Preissensitive Konsumenten können sich günstig versorgen, müssen aber eine schlechtere Qualität akzeptieren. Kaufkräftige Konsumenten bezahlen mehr, haben aber ein ruhiges Gewissen.

Wenn staatliche – auch internationale – Programme ihre Hilfsgüter nicht im Entwicklungsland selbst, sondern bei westlichen Produzenten beziehen, schwächen sie die lokale Wirtschaft, statt sie zu entwickeln. Und wenn westliche Freiwillige gratis in Entwicklungsländern arbeiten, schaffen sie lediglich einen ruinösen Lohnwettbewerb, denn solange sie kostenlos tätig sind, müssen die Betriebe keine lokalen Arbeitskräfte anstellen. Anstatt diese wenig produktive Arbeitsmigration zu fördern, sollte der Staat besser die Berufsausbildung westlicher Jugendlicher subventionieren, damit sie später ein hohes Einkommen erzielen und damit die Produkte der Entwicklungsländer kaufen können, denn so helfen sie ihnen, Arbeitsplätze zu schaffen und den Außenhandel zu entwickeln.[20]

Dank der Verbreitung drahtloser Architekturen schrumpft der „digital divide" auch in Entwicklungsländern immer schneller. Dort haben sich dezentrale, digitale Transaktionsmodelle etabliert. Lokale Bauern können sich per Smartphone über die aktuellen Weltmarktpreise informieren und ihre Produkte direkt an den Großhandel verkaufen. Sie sind nicht länger auf Zwischenhändler angewiesen, sodass ihre Gewinnspanne steigt. Da der Handel vollständig digital abgewickelt wird, benötigen sie auch keine physischen Infrastrukturen wie Bankfilialen, Geldautomaten oder Postämter mehr, wohl aber eine stabile Kommunikationsinfrastruktur und gut ausgebaute Transportwege, denn die Ware muss immer noch in die Stadt oder zum Hafen befördert werden. Solche Strukturen sollten westliche Staaten fördern, und zwar insbesondere dort, wo es noch keine Straße oder digitale Infrastruktur, geschweige denn eine stabile Stromversorgung gibt.[21]

Wenn westliche Staaten den Klimawandel bewältigen wollen, kommen sie mit nationalen Konsum- oder Produktionsverboten nicht weit. Die globalen CO_2-Emissionen sind ohne Kooperation mit China, Indien und den Entwicklungsländern nicht nachhaltig zu reduzieren. Im Jahr 2018 emittierte die Menschheit 38 Mio. Tonnen CO_2 in die Atmosphäre. Davon entfiel ein Drittel allein auf China, weitere 50 % entstanden in außereuropäischen Ländern. Auf Deutschland entfallen nur etwa 2 %, obwohl seine Industrie immer noch Kohle verfeuert, und was die Schweiz in einem Jahr an CO_2 einspart, bläst China in einer einzigen Stunde in die Luft. Der chinesische Zentralstaat hat zwar angekündigt, bis 2060 klimaneutral zu produzieren, aber es bleibt fraglich, inwiefern er dieses Ziel gegen die Provinzregierungen, die derzeit neue Kohle- und Nuklearkraftwerke bauen, durchsetzen kann.[22]

Auch wenn Staat versucht, nicht den nationalen, sondern den globalen Güterverkehr zu regulieren, wird er den Klimawandel nicht bewältigen. Ein Superfrachter mit 20.000 TEU auf großer Fahrt verbrennt zwar selbst bei absichtlicher Langsamfahrt *("slow steaming")* täglich 150 metrische Tonnen Schiffsdiesel („bunker fuel"). Dennoch ist der CO_2-Ausstoß pro Tonne Fracht deutlich geringer als im LKW- und Flugverkehr. Auch der Schienengüterverkehr ist nicht unbedingt klimafreundlich. Viele Strecken sind bis heute nicht elektrifiziert. Tab. 1 vergleicht den CO_2-Ausstoß verschiedener Transportmittel.

Da Superfrachter große Tonnagen befördern, meint so mancher, man müsse einfach die internationalen Wertschöpfungsketten wieder nationalisieren, den Weltseeverkehr unterbinden, um den Klimawandel zu begrenzen. Wer so denkt, spart allerdings am falschen Ende. Der kommerzielle Weltseeverkehr ist lediglich für 3 % der globalen Treibhausgasemissionen verantwortlich, und wer auch immer ihn eindämmen möchte, müsste allen beteiligten Nationen die Handelsschifffahrt untersagen. Ein global koordiniertes Verbot des Seeverkehrs wäre daher nicht nur völkerrechtlich fraglich, sondern auch praktisch kaum möglich.

Tab. 1 CO_2-Ausstoß je Tonnen-Kilometer Fracht

Transportmittel	Emission (in Gramm CO_2/km)
Superfrachter	<10
Supertanker	<15
Elektrolokomotive	10–30
Diesellokomotive	25–60
LKW über 12t	60–180
LKW bis 12t	150–250
Langstreckenfrachtflug	400–900
Kurzstreckenfrachtflug	1200–2800

Quelle: Intergovernmental Panel on Climate Change (2015).

Im geschäftlichen Reiseverkehr sind persönliche Begegnungen (und damit internationale Reisen) nur begrenzt ersetzbar. Der Lockdown hat dies eindrücklich demonstriert. Ohne direkten menschlichen Austausch verlangsamt sich die Technologieentwicklung, weil implizites Wissen nur durch sozialen (direkten) Austausch übertragen werden kann. Videokonferenzen stellen nur selten das für Vertragsabschlüsse erforderliche zwischenmenschliche Vertrauen her. Bahnfahrten sind eine klimafreundliche Alternative zu Kurzstreckenflügen – aber nur, falls die Züge überhaupt und pünktlich fahren, die Strecke elektrifiziert und der Bahnstrom aus erneuerbaren Quellen gewonnen ist. Am ehesten könnte die Menschheit auf Kreuzfahrten verzichten, denn der Welthandel kommt auch ohne Fahrten aus, die keinen geschäftlichen Anlass, wohl aber eine problematische Ökobilanz haben. Nur wenigen Menschen ist es jedoch möglich, die Ozeane mit der eigenen Segelyacht statt mit dem Interkontinentalflug zu überqueren.[23]

Der Staat verhindert den Klimawandel auch dann nicht, wenn er nationale Erlaubnisse („Zertifikate") oder Strafabgaben einführt. Diese Instrumente sind weniger restriktiv, weil sie nicht den Konsum verbieten, sondern unerwünschte Produktionsmethoden verteuern. Die Betriebe dürfen so umweltschädlich oder CO_2-intensiv produzieren, wie sie wollen, aber je schmutziger ihre Technologie ist, desto mehr Zertifikate müssen sie von einer staatlichen Agentur erwerben, oder sie müssen höhere Strafabgaben an die Staatskasse entrichten. Da ihre Produktivität aber nicht gestiegen ist, reduzieren diese Kosten den

Gewinn, oder sie verteuern die Verkaufspreise. Daher sind die Aktionäre unzufrieden, und am Absatzmarkt bevorzugen die Konsumenten die günstigeren, sauber produzierten Konkurrenzprodukte. Der freie Wettbewerb verdrängt daher schmutzige Technologien vom Markt. Viele Mikroökonomen argumentieren so, nur übersehen sie leider den internationalen Standortwettbewerb. Ein Staat mag nationale Zertifikate oder Strafabgaben einführen, aber er kann unwillige Nachbarn nicht zwingen, das Gleiche zu tun. Die Betriebe verlagern daher die Produktion einfach dorthin, wo schmutzige Produktionsweisen toleriert werden *("jurisdiction shopping")*. Als die USA zwischen 2017 und 2021 das Pariser Klimaabkommen verlassen hatten, machten sie auch die CO_2-intensive Produktion wieder attraktiv und zogen entsprechende Investitionen an.[24]

Wenn sich eine Technologie als fundamental umweltschädlich herausstellt, muss sie daher global verboten werden, sodass eine völkerrechtlich legitimierte Koordination erforderlich ist. In den 1980er Jahren erkannten Wissenschaftler, dass Fluorchlorkohlenwasserstoffe (FCKW) die natürliche Ozonschicht der Atmosphäre schädigen („Ozonloch"). Die Konferenz von London verbot 1990 jedoch nicht etwa Kältemaschinen, Sprühdosen oder Schaumstoffe, sondern die Verwendung von FCKW an sich. Im Protokoll von Montreal verpflichteten sich die Staaten zudem, auch ähnliche Substanzen zu kontrollieren, damit das Verbot nicht umgangen werden konnte, und sie führten Symbole ein, anhand derer die Konsumenten alte von neuen Produktionsmethoden unterscheiden konnten (z. B. den „Umweltengel" in Deutschland). Innerhalb weniger Jahre wurden FCKW durch weniger umweltschädliche Stoffe ersetzt. Heute ist das Ozonloch ist noch nicht ganz geschlossen, aber so klein, dass die Presse es kaum noch diskutiert. Leider ist diese Politik ungeeignet, um die heutigen CO_2-Emissionen zu senken, weil sie von vielen verschiedenen Technologien und Brennstoffen verursacht werden. Es wird sich kaum eine globale politische Mehrheit zusammenfinden, die sie alle gleichzeitig verbietet.[25]

Welthandel und Nachhaltigkeit sind vereinbar, falls emissionsarme Verkehrsmittel rentabel sind. Fossile Treibstoffe verbrennen heute sauberer als früher, und die Industrie experimentiert bereits mit elektrischen und wasserstoffbetriebenen Zügen und Flugzeugen. China hat 2020 einen elektrisch angetriebenen Frachter mit einer Ladekapazität von tausend Tonnen getestet, und Reedereien experimentieren weltweit mit neuen Antriebsformen, um Schiffsdiesel zu ersetzen. Diese Alternativen sind allerdings nur dann zukunftsfähig, wenn es gelingt, ihre heutige Energiedichte bzw. ihren Wirkungsgrad signifikant zu steigern.[26]

Regionalraum

Herrisch blicken die Bundesadler von ihren zwei Meter hohen, schwarz-rot-gold bemalten Stangen herab: Hie Büsingen, Gailingen, Gottmadingen! Die Schweizer lassen sich davon nicht beeindrucken. Deren Grenzsteine ragen nur halb so weit empor. Doch was ihnen an Höhe fehlt, macht die Menge wett. Über 1600 Exemplare markieren allein den Grenzverlauf des Kantons Schaffhausen sowie denjenigen der deutschen Exklave Büsingen – ein Stein alle fünfzig Meter, mitten in Wiese, Wald und Weinberg. Die Bauern stören sich nicht daran. Sie reisen mehrmals pro Tag mit dem Traktor ein und aus, wenn sie den angrenzenden Acker mitbestellen. Komplizierter geht es nur noch in Baarle, wenngleich die Menschen dort keine Steine aufstellen, sondern den Grenzverlauf direkt auf die Häuser malen.[27]

Was bei offenen Grenzen skurril, aber harmlos wirkt, wird im März 2020 zur surrealen Farce. Bauzäune und Straßensperren durchschneiden Räume, trennen Menschen, die gewohnt waren, frei zu reisen und gemeinsam zu wirtschaften und zu leben. Kreuzlingen und Konstanz teilt erneut ein Zaun, obwohl sie längst zu einer urbanen Wirtschaftszone zusammengewachsen sind. Er ist nicht ganz so schreckhaft wie die Berliner Mauer, erinnert aber dennoch an düstere Epochen. Die Einwohner improvisieren: Beiderseits eingesperrte Liebende küssen sich durch das Metallgitter, und im Saarland angeln sich die Menschen ihr Baguette aus dem direkt angrenzenden französischen Dorf über die Straßensperre hinweg. Derweil weichen im Wald die Wanderer scheu vor rot-weiß-rotem Plastikband zurück. Dahinter sitzt die Grenzpolizei im Gebüsch. Helikopter kreisen. Es liegt ein unguter Zauber im Lockdown.[28]

Dennoch muss man für die harten Grenzkontrollen des Lockdowns fast dankbar sein. Sie zeigen, warum ein grenzüberschreitender Wirtschaftsraum auf einen frei fliessenden Waren- und Personenverkehr angewiesen ist. Der Rheinkorridor zwischen Rotterdam und Basel ist die Mittelachse einer 600 km breiten Wirtschaftszone, die 50 % des kontinentaleuropäischen Bruttoinlandsprodukts erwirtschaftet. Er trennt die Anrainerstaaten nicht, sondern verbindet sie. Auch in Amerika verbinden zentrale Verkehrsachsen wirtschaftlich stark vernetzte Gebiete, z. B. zwischen Detroit (USA) und Windsor (Kanada) und zwischen Posadas (Argentinien) und Encarnación (Paraguay). Sind die Nachbarstaaten föderal organisiert, wachsen solche Strukturen auch ohne Beteiligung des Bundesstaats.[29]

Im 20. Jahrhundert verlegten die Staaten ihre politischen Grenzen, weil sie ihre Kraftwerke nur auf dem eigenen Territorium bauen wollten. Im 19. Jahrhundert waren sie sich der grenzüberschreitenden Natur des oberrheinischen Wirtschaftsraums bewusst. Zwischen 1895 und 1926 errichteten sie Kraftwerke, die das deutsche Nord- mit dem schweizerischen Südufer verbinden, um den Naturraum optimal zu nutzen. Die Staatsgrenze verläuft mitten durch das Wasserschott, vom produzierten Strom profitieren beide Staaten.[30]

Der gemeinsame Lebensraum schärft auch das Bewusstsein für ökologische Fragen. Am 1. November 1986 schädigte ein schwerer Chemieunfall bei Basel das natürliche Ökosystem des Rheins. Die betroffenen Staaten vereinbarten daraufhin überregional gültige Regeln, um die grenzüberschreitenden Gewässer und Naturräume zu schützen. Auch abgesehen von diesem Unfall war der Hochrhein in den 1980er Jahren schwer durch Industrieabwässer belastet. Heute schwimmt man in einem sauberem Fluss.[31]

Wirtschaftlich stark vernetzte Regionen konnten im Frühjahr 2020 zwar nicht verhindern, dass die Grenzen abgeriegelt wurden, aber sie setzten dieser plumpen Abschottung eigene Initiativen entgegen. Lokale Einwohner sind besser über ihre wirtschaftlichen Beziehungen informiert sind als zentralistische Entscheider, und sie sind sich der Rolle des grenzüberschreitenden Waren- und Personenverkehrs bewusst. Der deutsch-niederländische Grenzverkehr war kaum, der deutsch-luxemburgische nur kurz beeinträchtigt. Baden-Württemberg, die angrenzenden Schweizer Kantone und die österreichische Region Vorarlberg vereinbarten ein Grenzregime, das zwar den privaten Reiseverkehr regulierte, aber die wirtschaftlichen Beziehungen aufrechterhielt.[32]

Menschen, die in grenzüberschreitenden Metropolregionen leben und arbeiten, müssen darüber nicht belehrt werden, sie erleben diese Verbundenheit täglich. Einkaufstouristen kaufen im Geschäft des Nachbarn, was günstiger als zuhause ist, oder sie beschaffen dort Waren, die es zuhause nicht gibt. Pendler wollen zu ihren Arbeitsplätzen im jeweils anderen Land gelangen. Sie halten nicht nur die produzierende Industrie in Gang, sondern forschen auch am nachbarlichen Klinikum, und ihr dort verdientes Einkommen schafft zuhause neuen Wohlstand. Grenzüberschreitende Straßenbahnen und Busse entlasten den städtischen Verkehr. Wer aber mit dem Auto einreisen muss – wie z. B. Handwerker, die ihre Dienstleistungen auf beiden Seiten der Grenze erbringen – fährt am Autobahnübergang einfach durch, vielleicht weist noch ein Blechschild darauf hin, dass man nun beim Nachbarn ist.

Unternehmen optimieren ihre Standorte grenzüberschreitend. Sie profitieren von der international vernetzten Verkehrsinfrastruktur. Beiderseits der Grenze analysieren die Einwohner steuerliche und sozialrechtliche Regeln, informieren sich, wie teuer eine Mietwohnung oder die Kinderbetreuung ist und entscheiden danach, wo sie lieber wohnen möchten. Logistiker verbinden die Verkehrswege grenzüberschreitend und intermodal – nicht nur um Kosten zu sparen, sondern auch um die Transportnetze resilienter zu machen. Ist der Verkehr im nationalen Netz unterbrochen, können die nachbarlichen Verkehrswege und Transportmittel ersatzweise den Transport übernehmen, oder die Einwohner kaufen auf der benachbarten Seite ein – nicht weil die benötigte Ware dort billiger ist, sondern weil es dort überhaupt Ware gibt.[33]

In diesen vernetzten Wirtschaftsräumen verläuft die Staatsgrenze mitten durch den Industriepark, das Gleisfeld oder den Teilchenbeschleuniger, aber sie beeinträchtigt den wirtschaftlichen Austausch nicht. Abb. 1 zeigt den grenzüberschreitenden Industriepark „Avantis". Er ist verkehrstechnisch von den Niederlanden aus erschlossen, liegt aber sowohl auf deren wie auch auf deutschem Staatsgebiet. Die dort ansässigen Unternehmen können wählen, ob sie sich deutschem oder niederländischem Steuerrecht unterstellen wollen. Die Gründungsphase

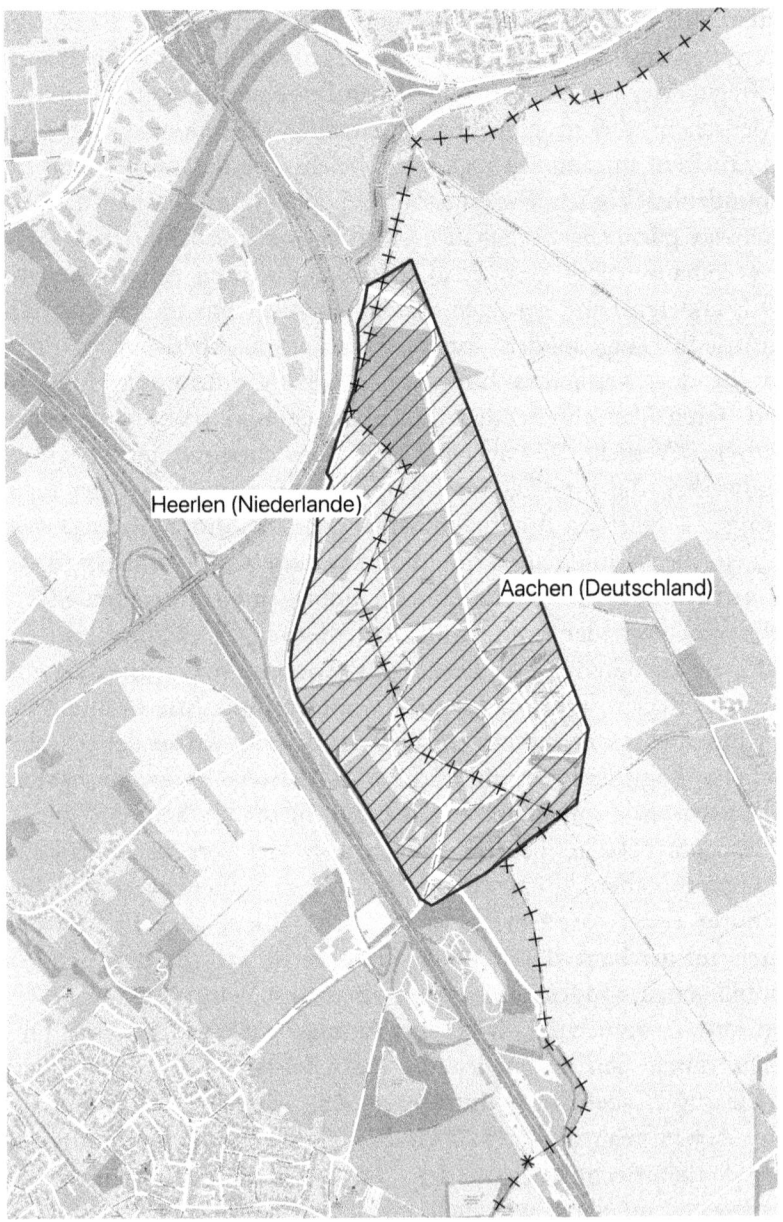

Abb. 1 Grenzüberschreitender Industriepark „Avantis". (Quelle: eigene Darstellung, basierend auf Daten von openstreetmap.org, erzeugt mit QGIS)

verlief zwar holprig – es wurde zunächst vergessen, einen Staatsvertrag abzuschließen, auch Feldhamster waren umzusiedeln – aber das grenzüberschreitende Konzept zieht dennoch Interessenten an. Die deutsch-niederländische Grenze verläuft auch mitten durch den etwas früher gegründeten „Europark" (vgl. Abb. 2). Straßen erschließen den Park von beiden Seiten. Seit 2017 verfügt er auch über einen Gleisanschluss zu den deutschen und niederländischen Nordseehäfen.

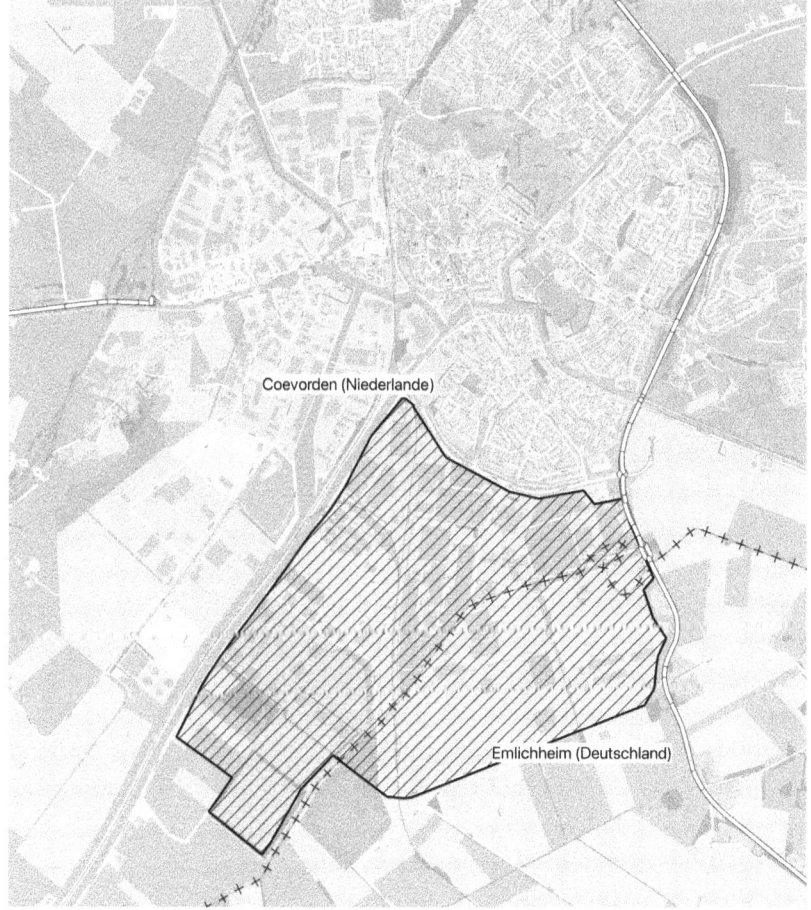

Abb. 2 Grenzüberschreitender Industriepark „Europark". (Quelle: eigene Darstellung, basierend auf Daten von openstreetmap.org, erzeugt mit QGIS)

Abb. 3 zeigt das grenzüberschreitende Gleisfeld des Bahnhofs Konstanz. Dessen südlicher Teil befindet sich auf schweizerischem Staatsgebiet, dort befindet sich die Abstell- und Innenreinigungsanlage. Ein 1870 geschlossener Staatsvertrag hat diese kleinräumige, aber staatsrechtlich komplexe Infrastruktur ermöglicht; mehrfache Grenzkorrekturen waren erforderlich, um bauliche Probleme zu lösen. Bei der Europäischen Organisation für Kernforschung (CERN) zirkulieren die Elementarteilchen ohne Passkontrolle. Die technische und logistische Infrastruktur liegt ober- wie unterirdisch sowohl in Frankreich als auch in der Schweiz (vgl. Abb. 4). Sie würde nicht existieren, wenn nicht 1954 ein multilateraler Staatsvertrag die Europäischen Organisation für Kernforschung errichtet hätte.[34]

Wer sich als Selbstversorger am sichersten wähnt, hat nicht wirklich verstanden, wie das ökonomische Modell einer Dorfgemeinschaft

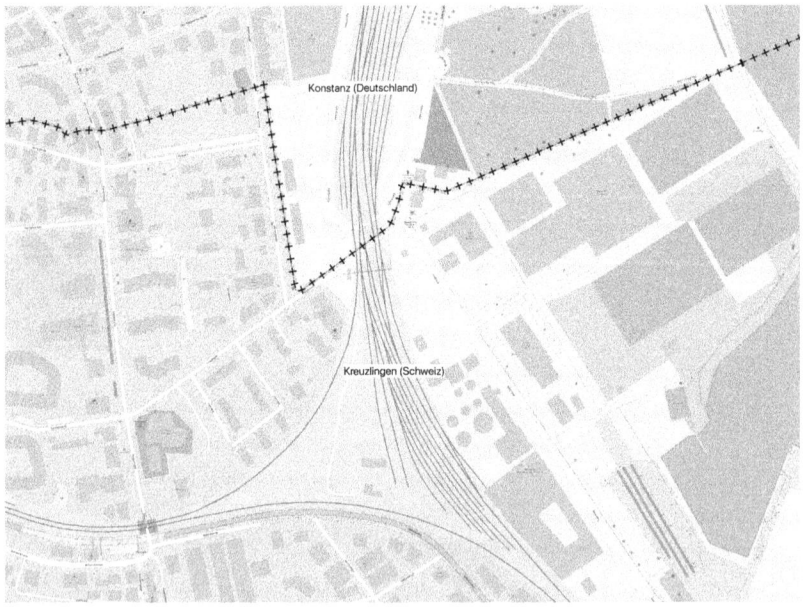

Abb. 3 Grenzüberschreitende Gleisinfrastruktur des Bahnhofs Konstanz. (Quelle: eigene Darstellung, basierend auf Daten von openstreetmap.org, erzeugt mit QGIS)

Abb. 4 Grenzüberschreitende Infrastruktur des Teilchenbeschleunigers CERN. (Quelle: eigene Darstellung, basierend auf Daten von openstreetmap.org, erzeugt mit QGIS)

funktioniert. Es geht nicht darum, dass jeder einzelne Hof autark ist, sondern dass sich die Nachbarn gegenseitig helfen, wenngleich um den Preis einer engmaschigen sozialen Kontrolle. Zwar besteht dieser „soziale Kitt" primär in homogenen Gemeinschaften, in denen wenige Mitglieder enge Beziehungen unterhalten. Gesellschaften hoher Diversität, deren Mitglieder sich nicht persönlich kennen, halten aber auch – wenngleich auf andere Art – zusammen. Der soziale Kitt ist dann umso stärker, je intensiver die wirtschaftlichen Austauschbeziehungen zwischen den Mitgliedern sind. Sie bilden quasi eine grenzüberschreitende Dorfgemeinschaft. Das pragmatische Interesse am gemeinsam erwirtschafteten Wohlstand hält sie zusammen, trotz unterschiedlicher Kulturen und Staatsangehörigkeiten.[35]

In grenzüberschreitenden Wirtschaftsräumen entstehen solche Beziehungen nicht durch bürokratische Planung. Angesichts der vielen Kriege und Erbteilungen im neuzeitlichen Europa überrascht es nicht, dass die politischen Grenzen heute nicht mehr deckungsgleich mit den natürlichen Landschaftsräumen sind. Aber letztere sind es, die Verkehrsbedarfe und wirtschaftliche Möglichkeiten definieren. Daher leben und wirtschaften die Einwohner solcher Räume auch dann grenzüberschreitend, wenn die Geschichte eine politische Grenze hindurchgezogen hat.[36]

Diese durch den Raum selbst begründeten Beziehungen werden daher immer bestehen bleiben, auch wenn die Welt sich wieder wirtschaftlich fragmentiert, auch wenn die zugehörigen Nationalstaaten eines Tages nicht mehr existieren sollten. Wer sich dessen bewusst ist, immunisiert sich nicht nur gegen Vergangenheitsbeschwörer, sondern schärft auch den Blick für die historische Kontingenz des zuhause Gewachsenen. Vieles in der Welt ist gewalttätig und ungerecht, aber dennoch ist menschlicher Austausch, der auf der gewachsenen Verständigung des natürlichen Raums beruht, stabiler als jede am Schreibtisch erdachte Utopie.

Südwind

Gegen Bürokraten helfen Diplomaten. Sie werden noch viel reisen, noch viel verhandeln müssen, bis die Welt wirtschaftlich wieder so frei wie vor dem Ersten Weltkrieg ist. Dessen Auswirkungen sind bis heute deutlich spürbar. Er ist in jeder Hinsicht die Urkatastrophe des 20. Jahrhunderts. Handelsbeziehungen, die über Jahrzehnte gewachsen waren, zerreissen binnen weniger Tage. Schlagartig beendet der Kriegsausbruch den freien Kapitalverkehr und den freien Personenverkehr in Europa und der Welt, unterbricht den Güterverkehr. Demgegenüber erscheint der Lockdown geradezu harmlos. Niemand muss hungern, niemandes Kapital wird konfisziert, und Internierungen ausländischer Staatsangehöriger beschränken sich auf zehn Tage Quarantäne.

Auch wenn so mancher die Welt heute als bedrohlich offen empfindet, ist sie trotz aller Liberalisierungen noch immer erheblich fragmentiert. Bisher hat die Menschheit lediglich die schlimmsten Verwerfungen repariert, die der Erste Weltkrieg ausgelöst hat. Viele Baustellen sind noch offen.

Zwischen 1880 und 1914 war der Agrarhandel zwischen der alten und der neuen Welt weitgehend frei. Innovationen im Schiffsbau und der Kühltechnologie ermöglichten erstmals einen globalen und kostengünstigen Handel mit Lebensmitteln. Bereits 1884 dockt das weltweit erste Gefrierschiff, die *Elderslie,* in London an. Sie hat Lamm- und Schaffleisch aus Neuseeland geladen. Schon um 1905 importiert Großbritannien – das damals keine Importzölle für Agrarprodukte kennt – etwa 60 % aller Fleischwaren und 80 % des Getreides, da die amerikanische deutlich günstiger ist als die heimische Produktion. Weder die Landgüter der europäischen Aristokratie noch isolierte Bauernhöfe konnten dieser Entwicklung etwas entgegensetzen, und so riefen beide immer wieder nach Schutzzöllen. Auch die Schweiz importiert um 1900 viele Lebensmittel. Die lokale Landwirtschaft spezialisiert sich auf Milchproduktion und Viehzucht.[37]

Agrargüter sind umso günstiger zu produzieren, je größer die bewirtschaftete Bodenfläche ist, je kapitalintensiver sie bewirtschaftet wird und je tiefer die landwirtschaftlichen Löhne sind. Amerikanische, afrikanische und ozeanische Lebensmittel sind daher unschlagbar günstig. Und so befürwortet den Agrarfreihandel, wer zu Weltmarktpreisen anbieten kann. Wer dazu nicht imstande ist, bekämpft ihn.

In Europa hat die Landwirtschaft keine wirtschaftliche Bedeutung mehr. In der Schweiz trägt sie weniger als 1 % zum Bruttoinlandsprodukt bei, und sie beschäftigt nicht einmal 0,5 % aller Erwerbstätigen. Selbst in Frankreich sind es nur 2 % bzw. 3 %. Europäische Agrarbetriebe können kaum zu Weltmarktpreisen anbieten, aber ihre Produktion wird sowohl von der EU wie auch von den Nationalstaaten subventioniert. Früher manipulierten sie sogar die Marktpreise, vernichteten Überschüsse oder verkauften sie zu Dumpingpreisen. Heute garantieren sie den Landwirten ein fixes Einkommen oder nehmen ihnen die Produktion zu staatlich festgesetzten Preisen ab. Gleichzeitig erheben sie Zölle, um importierte Agrargüter zu verteuern, sodass die Lebensmittelpreise im Inland höher als am Weltmarkt sind. Die europäischen Konsumenten müssen diese Abschottung teuer bezahlen, denn ihre Steuern finanzieren die Subventionen und die Preissteigerung vermindert ihr verfügbares Einkommen.

In Staaten wie Norwegen oder der Schweiz entfallen etwa 60 % des bäuerlichen Einkommens auf Direktzahlungen, Preisgarantien und Abnahmekontingente. Noch um 1980 gab die EWG über zwei Drittel ihres Budgets für Agrarsubventionen aus, und selbst im heutigen EU-Budget sind es noch 38 %. Um dieses sichere Einkommen zu erhalten, widersetzen sich die europäischen Landwirte weitgehend jeder Liberalisierung. An diesem Widerstand scheiterte 2006 ein geplantes Freihandelsabkommen zwischen der Schweiz und den USA, obwohl die Handelsbilanz auch im Agrarsektor zugunsten der Schweiz ausfiel.[38]

Ein globaler Agrarfreihandel ist technisch ohne Weiteres möglich, denn heute sind Schüttgutfrachter und Kühlcontainer nicht nur größer und effizienter, sie reisen auch schneller. Die Konsumenten würden weniger für Lebensmittel bezahlen, die Entwicklungsländer könnten Exporteinnahmen erzielen und somit Kapital bilden, und Staaten, die sich nicht autark ernähren können, würden sich an einem offenen Weltmarkt versorgen. Dieser Gedanke scheint politisch derzeit nicht mehrheitsfähig zu sein. Das Cotonou-Abkommen hat die Wirtschaftsbeziehungen zwischen der EU und der Organisation afrikanischer, karibischer und pazifischer Staaten (OAKPS) zwar vertieft, aber keinen Agrarfreihandel zugelassen. Seine Bestimmungen gelten noch bis Ende 2021, ein Nachfolgeabkommen soll bald ratifiziert werden.[39]

Die wachsende Weltbevölkerung wird die globale Integration der Agrarproduktion früher oder später erzwingen. Wer nicht über die Landesfläche oder das Klima verfügt, um massenhaft Agrargüter zu produzieren, muss Nischenstrategien entwickeln, die auf qualitativ hochwertige Produkte setzen. Sobald der Weltmarkt darauf aufmerksam wird, erschließt er den Landwirten weltweit neue Käufergruppen.

Sowohl die australische als auch die neuseeländische Landwirtschaft war bis in die 1990er Jahre hochgradig reguliert und abgeschottet. Heute kommen beide ohne Subventionen aus. Die Schweiz und die EU liberalisierten bilateral den Käsemarkt. Daraufhin konnten schweizerische Landwirte den Absatz hochwertiger Käsesorten im europäischen Binnenmarkt um bis zu 40 % steigern. Auch die schweizerischen Viehzüchter exportieren derzeit ihre Zuchtrassen nach China und Saudi-Arabien, weil beide Staaten vermehrt Milch produzieren wollen.[40]

In Europa ist es schwierig geworden, den Schienengüterverkehr transnational zu integrieren, selbst wenn man dazugelernt hat und nun internationale Korridore mit redundanten Ausweichstrecken bauen will. Aber unterschiedliche Ausbildungsstandards, Stromsysteme und Vorschriften trennen die Verkehre immer noch weitgehend entlang der politischen Grenzen. Nach wie vor verweigern sich die ehemaligen staatlichen Monopolbahnen dem Wettbewerb auf der Schiene so weit wie möglich, um die eigene Ertragsbasis möglichst lange zu erhalten. Trotz regulatorischer Bemühungen der EU, und obwohl die Hälfte des europäischen Schienengüterverkehrs inzwischen grenzüberschreitend ist, stagniert dessen Anteil am gesamteuropäischen Frachtverkehr bei unter 20 %. Auch der Versuch, mit dem *European Train Control System* (ETCS) einheitliche Verkehrsstandards zu schaffen, ist im Wesentlichen gescheitert, weil das System zwar technisch normiert, aber regulatorisch fragmentiert ist.[41]

Auch der eurasische Schienengüterverkehr kennt solche Probleme. So mancher bejubelte schon 1845 den baldigen Bau einer „großen Eisenstraße" von England nach China. Schon 169 Jahre später fuhr der erste Güterzug von Yiwu nach Madrid – nur leider nicht nonstop. In Europa haben Bahngleise eine weitgehend einheitliche Spurweite von 1435 mm („Normalspur"), auch das chinesische Bahnsystem verwendet sie. Bereits an der dschungarischen Pforte, wo China an Kasachstan grenzt, müssen die Wagen jedoch auf die russische Breitspur von 1520 mm umgesetzt werden. Danach können sie bis zur polnisch-weißrussischen Grenze durchfahren, bevor sie erneut auf die Normalspur wechseln müssen. Solange solche Schnittstellenprobleme bestehen, ist die „eiserne Seidenstraße" keine ernstzunehmende Alternative zur integrierten Logistik des Seeverkehrs, auch wenn die Waggons nur halb so lange unterwegs sind. Und sofern die Züge nicht kilometerlang sind und dicht getaktet fahren, ersetzen sie auch das Transportvolumen der Containerfrachter nicht.[42]

Welthandel ist daher auch künftig Seehandel, aber der Schiffsbau stößt allmählich an physikalische und logistische Grenzen. Superfrachter haben schon heute eine Kapazität von über 20.000 TEU. Selbst wenn es möglich sein sollte, noch größere Schiffe zu bauen, sind erhebliche Investitionen erforderlich, um Engstellen wie den Suez- oder Panamakanal sowie die globalen Hafenkapazitäten auszubauen. Der Klimawandel wird die bisher nur saisonal offene Nordostpassage ganzjährig befahrbar machen. Spätestens 2050 wird das Nordpolarmeer im Sommer eisfrei sein, sodass ein direkter, den Nordpol querender Seeverkehr zwischen Russland und Nordamerika möglich ist. Neue völkerrechtliche Abkommen werden Rechtssicherheit sowohl unter den arktischen Anrainern wie auch für die neuen Handelsverkehre schaffen müssen.[43]

Viel Energie ist erforderlich, um solche Baustellen anzugehen, und nicht wenige meinen, diese sei erschöpft. Denn der Westen scheint das Interesse an einer tieferen wirtschaftlichen Vernetzung mit der Welt verloren zu haben. So mancher zweifelt, ob es nicht heute schon zu viel ist. Die Freihandelsgespräche zwischen der EU und den USA ruhen derzeit, genauso wie die Verhandlungen über die *Transpacific Trade and Investment Partnership* (TTIP). Vielleicht werden sie, wie schon die Doha-Runde der WTO, im Leerlauf enden. Die Epoche globaler Handelsabkommen scheint vorerst beendet.[44]

Dennoch setzt sich die wirtschaftliche Vernetzung auf der regionalen Ebene weiter fort. Abb. 5 zeigt, dass schon heute die intrakontinentale Vernetzung stärker als die globale ist.

Vielleicht ist die Initiative des Westens erschöpft, nicht aber diejenige des Südens. Seinen pragmatischen Schwellen- und Industrieländern sind postmoderne Debatten fremd. Sie sind ungeduldig und wachstumsstark, und sie erinnern sich lebhaft an ihre Kolonialgeschichte. Sie nutzen den Welthandel gezielt, um sich wirtschaftlich zu verbessern.

Die „Pazifische Allianz", ein wirtschaftliches Zweckbündnis zwischen Mexiko, Kolumbien, Chile und Peru, will ihre Mitglieder sowohl untereinander als auch mit den pazifischen Anrainern in Südostasien

Zukunft 123

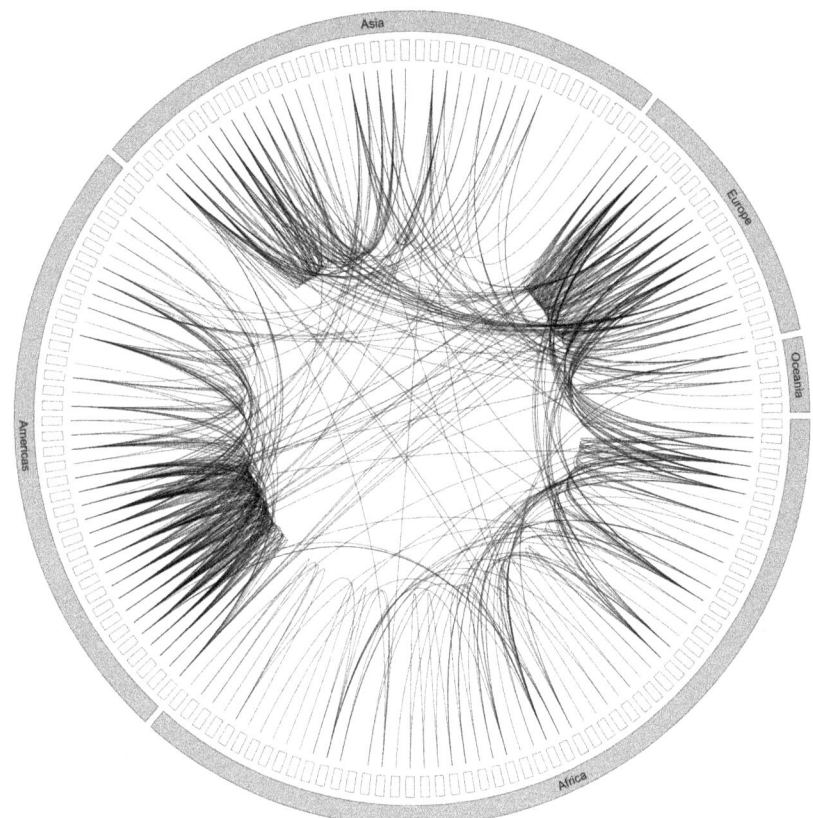

Abb. 5 Aggregierte Struktur der globalen Freihandelsabkommen. (Quelle: eigene Darstellung, basierend auf Daten von Dür et al. (2014))

vernetzen. Die südamerikanischen Staaten projektieren derzeit transnationale Autobahnen und Eisenbahnlinien, die ihre regionalen Wirtschaftsräume integrieren und die atlantischen mit den pazifischen Handelshäfen verbinden sollen. Seit 2013 haben Peru und Chile ihren Handel mit Thailand und Vietnam liberalisiert. Das Freihandelsabkommen zwischen Südkorea und Peru kennt fast keine Beschränkungen mehr.[45]

Keiner dieser Staaten ist auf europäisches oder nordamerikanisches Wohlwollen angewiesen. Im Gegenteil sollten letztere den Anschluss nicht verpassen. Im pazifischem Raum haben die multilateralen Abkommen RCEP und CPTPP die größte Freihandelszone der Welt geschaffen – auch ohne Mitwirkung der USA. Die Schweiz hat verstanden, wohin die Reise geht, sie hat heute bereits Freihandelsabkommen mit den Philippinen, Indonesien, dem Libanon und Ecuador; mit Jamaica und Algerien laufen Verhandlungen.[46]

Abb. 6 zeigt die derzeit stark wachsende Vernetzung zwischen den afrikanischen und asiatischen Staaten. Afrika hat ebenfalls begonnen,

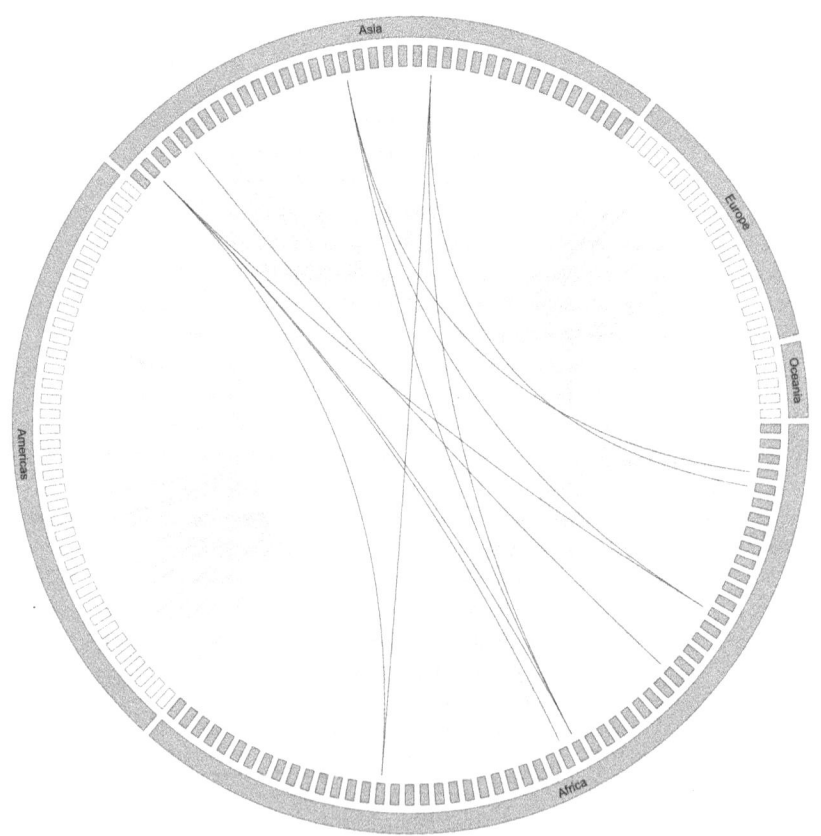

Abb. 6 Bilaterale Freihandelsabkommen zwischen Afrika und Asien. (Quelle: eigene Darstellung, basierend auf Daten von Dür et al. (2014))

Zukunft 125

direkte wirtschaftliche Beziehungen mit Lateinamerika aufzubauen (vgl. Abb. 7).

Im Sommer 1914 waren die europäischen Staaten wirtschaftlich so intensiv wie nie zuvor verflochten – den Ersten Weltkrieg verhinderten diese Beziehungen nicht. So mancher argumentiert jedoch, intensive wirtschaftliche Beziehungen stabilisierten die Staatenwelt. Die Handelskriege der 1930er Jahre seinen mitverantwortlich für den Aufstieg des Nationalsozialismus gewesen. Bereits Cordell Hull – Außenminister der

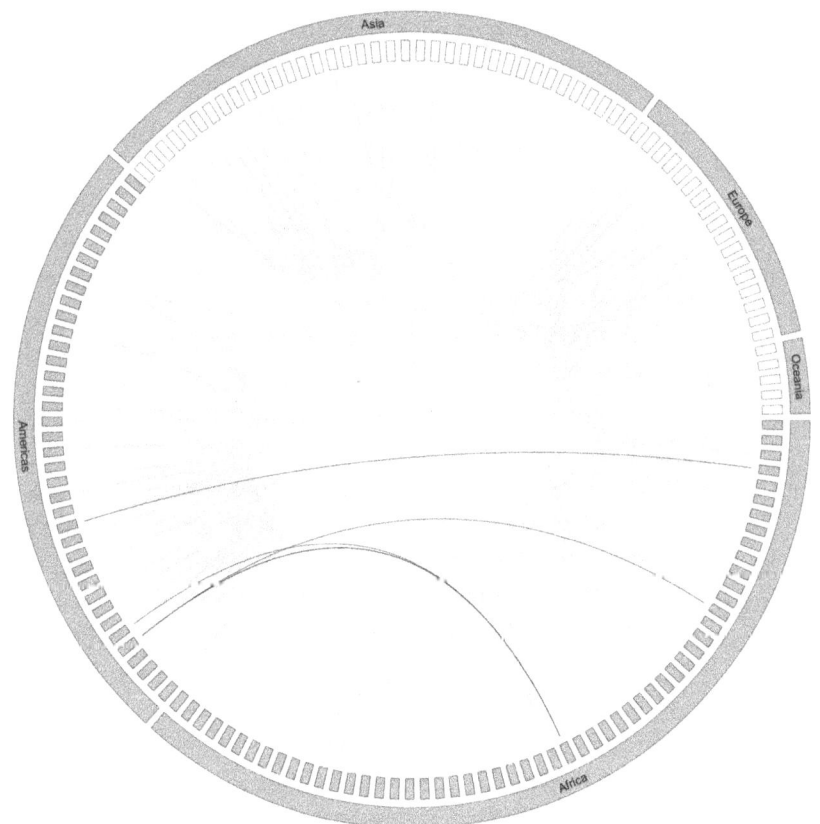

Abb. 7 Bilaterale Freihandelsabkommen zwischen Afrika und Lateinamerika. (Quelle: eigene Darstellung, basierend auf Daten von Dür et al. (2014))

USA von 1933 bis 1944 – und Harry Dexter White – der Chefarchitekt des Systems von Bretton Woods – argumentierten so, nicht zuletzt um die USA als wirtschaftliche Führungsmacht der Nachkriegsordnung zu legitimieren. Heute argumentiert die EU, sie habe nicht nur eine Wirtschaftsunion geschaffen, sondern diese garantiere auch den Frieden in Europa. Auch die Schweiz begreift seit 1973 die Wirtschaftspolitik als sicherheitspolitisches Instrument. Bis heute sind sich die Wissenschaftler nicht einig, ob ein freier Welthandel friedens- und stabilitätsfördernd ist oder nicht.[47]

Es scheint jedoch schwer vorstellbar, dass an Instabilität interessierte Regime bereit wären, intensive Handelsbeziehungen einzugehen. Wer seinen Nachbarn annektieren will, braucht keine Handelsverträge mit ihm abzuschließen. Vielleicht verläuft die Kausalität ja umgekehrt: Nicht der Welthandel ist die Bedingung für politische Stabilität, sondern die Staaten müssen – unabhängig von ihrer inneren Verfasstheit – politisch stabil und friedlich sein, damit sie überhaupt Handelsbeziehungen mit anderen Staaten aufnehmen.

Vielleicht kommt es also mehr auf die institutionellen Rahmenbedingungen und das staatliche Handeln als auf das Handelsvolumen an, denn so ließe sich der Ausbruch des Ersten Weltkriegs besser einordnen: Autoritäre Machtpolitik triumphierte über friedliche Verständigung. Wenn dieser Punkt einmal erreicht ist, helfen auch seit langem etablierte Handelsbeziehungen nicht mehr. Ohne eine Rechtsordnung, die nationalstaatliches Handeln internationalen Normen unterwirft, sind solche Beziehungen nicht von Dauer. Ein Staat, der am Welthandel teilnehmen will, muss diese Bedingung zumindest außenwirtschaftlich akzeptieren – auch wenn er nach innen undemokratisch verfasst sein sollte. Autoritäre Staaten können wirtschaftlich pragmatisch handeln, aber mit ihnen Geschäfte zu machen bedeutet nicht, kollektivistisches Gedankengut zu übernehmen.

Dennoch fühlt sich so mancher unwohl in einer multipolaren Weltordnung, in der unvereinbare politische Systeme nicht nur nebeneinander existieren, sondern auch umfassende Handelsbeziehungen unterhalten. Im Zentrum der Systemfrage stehen aber nicht die Ideen der französischen Revolution, sondern diejenigen von John Locke. Die entscheidende Frage ist, inwiefern ein Staat bereit ist, die Freiheit und das Eigentum seiner Einwohner zu achten und zu garantieren. Kann oder will er diese fundamentalen Garantien nicht gewähren, macht es keinen Unterschied, ob das unterdrückte Individuum im Osten, Westen oder Süden wohnt. Denn der autoritäre Staatskapitalismus ist keine Erfindung des Ostens, sondern lediglich ein feudal-patriarchales Wirtschaftssystem in anderem ideologischem Gewand. Es kennt weder die Bindung der Macht an das Recht noch individuelle Freiheit, Eigentumsgarantien oder politische Teilhabe. Dennoch ist es verführerisch: Man könne reich werden, sei vor Strafverfolgung geschützt, aber dafür müsse man gehorchen und das System mittragen.

Das Motiv „Reichtum gegen Gehorsam" ist die Grundlage des Lehnssystems wie auch aller absolutistischer Herrschaftsstrukturen: Nur der Monarch hat Eigentum, er leiht es lediglich an seine Vasallen aus. Sie dürfen daraus Erträge ziehen – sofern sie ihm gehorchen. Wer sich nicht fügen will, dessen Lehen wird eingezogen. Kaiser Friedrich I. (Barbarossa) entzog Heinrich dem Löwen alle Reichslehen, als er sich weigerte, dessen Italienfeldzug mitzufinanzieren. Die absolutistischen Könige warfen widerspenstige Adlige in die Bastille oder sperrten sie in abgelegene Festungen und Klöster. Die heutigen Machthaber rechtfertigen solche autoritären Vorbehalte über die Freiheit und das Eigentum ihrer Untertanen nicht mehr aus dem Gottesgnadentum, sondern mit nationalistischen oder kollektivistischen Ideologien. Ansonsten hat sich wenig verändert: Die scheinlegale und gewaltsame Enteignung von Regimegegnern ist ein beliebtes wirtschaftspolitisches Mittel in autoritären Staaten.[48]

Das Lehnssystem ist untergegangen, der Absolutismus auch, und langfristig wird es dem autoritären Staatskapitalismus genauso ergehen. Privateigentum erlaubt den Menschen, ihren eigenen Willen durchzusetzen und staatlichen Zwang abzuwehren. Nur wenn sie selbst über die Verwendung ihrer Ressourcen bestimmen, können sie ihre Absichten auch und gerade dann realisieren, wenn es dem Staatsapparat nicht gefällt. Der autoritäre Staat kann daher weder das private Eigentum gewährleisten noch seinen Bürgern gestatten, frei zu reisen – sie könnten sich entscheiden, nicht zurückzukehren. Und dennoch kann keine staatliche Politik, sei sie auch noch so restriktiv, die Menschen dauerhaft daran hindern, mit den Füßen und dem Portemonnaie abzustimmen, wo und wie sie leben wollen.[49]

Die wirtschaftliche Vernetzung der Welt ist weder eine liberale Konterrevolution noch bedroht sie die Lebensgrundlagen. Sie ist vielmehr eine längst überfällige Korrektur, die Rückkehr zu einer freiheitlichen Weltordnung, die sich gegen Ende des 19. Jahrhunderts ansatzweise abgezeichnet hatte. Nach einem gewalttätigen, ideologisch verblendeten Jahrhundert, in dem so mancher die individuelle Freiheit dem kollektivistischen Zwang opfern wollte, ist Montesquieu aktueller denn je: Wer frei reisen und mit anderen Handel treiben kann, entdeckt die Welt, erkennt, was verbindet – und sichert nebenbei auch seine Versorgung. Es gibt aber keine Freiheit ohne das Recht. Wer keine internationale Rechtsordnung mittragen will und stattdessen eine bürokratisch verwaltete und polizeilich erzwungene Abschottung vorzieht, darf sich über die Folgen der Isolation nicht wundern.

Teilhabe erfordert Offenheit. Der Westen scheint derzeit wenig empfänglich für diese Botschaft. Vielleicht dauert es noch ein Jahrhundert, bis sie wieder durchdringt, aber man ist zu jung, um zu warten. Man erinnert sich an Vergil: Die Lüfte locken zur Seefahrt, und kräftiger Südwind bläht die Segel. Man stellt das Fahrrad am Hafen ab und geht an Bord.

Anmerkungen
1. In den folgenden Wochen bauten beide Staaten den Zaun an der grünen Grenze weitgehend ab. Am 19. August 1989 veranstalteten sie ein „paneuropäisches Picknick" im Grenzgebiet, das viele DDR-Bewohner zur Flucht in den Westen nutzten (Oplatka, 2009). Damit begann der Zusammenbruch des Ostblocks (Maier, 1999; Rödder, 2009).
2. Illustrationen wirtschaftspolitischer Fehlentscheide liefern Gamble (1994) und Hillman & Ursprung (2000). Speziell zu den Auswirkungen der iranischen Revolution vgl. Amuzegar (1992). Politökonomische Erklärungen hierfür liefert Boettke (1998).
3. Zu nicht-stochastischen Risikostrukturen und hieraus entstehenden Fehlplanungen siehe Keupp (2020). Niskanen (1971), Migué & Bélanger (1974) und Orzechowski (1977) erarbeiten die vier grundsätzlichen Planungsirrtümer der Bürokratie.

4. Zum fundamentalen Informationsproblem vgl. Mises (1922), Hayek (1945), Lavoie (2015), zur marxistischen Kritik an der „Anarchie der Produktion" siehe Megill (2001), Reese-Schäfer (2019).
5. Zum quasi-marktlichen Prozess institutionellen Wettbewerbs vgl. Pejovich (1994, 2012). Politische Regulierung ist ein wesentlicher Auslöser von Standortverlagerungen. Zu den Grundlagen des Abwanderungsmotivs vgl. Hirschman (1978), für eine angewandte Diskussion z. B. Nabilou (2017).
6. Die disziplinierende Wirkung von Wanderungsbewegungen und wettbewerblichen Mechanismen auf Exekutive und Legislative diskutieren Vaubel (1999, 2006) sowie Bernholz et al. (1998). Die Abwanderung des produktiven Potenzials am Beispiel Russlands zeigen Raeff (1990) und Service (1997).
7. Zur Abriegelung der innerdeutschen Grenze und der Migration zwischen den Besatzungszonen bzw. Sektoren vgl. Bispinck (2009) und Baumgarten & Freitag (2004).
8. Die Kosten der Grenzschließungen im Schengenraum berechnen Felbermayer et al. (2016) und Böhmer et al. (2016). Speziell zur Operation Yellowhammer siehe HM Government (2019), mögliche Folgekosten des Brexits berechnen Heise & Boata (2019), HM Government (2018), Ott & Ghauri (2019) und Henig (2019).
9. Zu den Kosten einer Devolution des liberalen Welthandels vgl. Lakatos & Kutlina-Dimitrova (2017), zu denen der amerikanisch-chinesischen Handelskriege siehe Fajgelbaum et al. (2019). Die wechselseitigen protektionistischen Vergeltungsmaßnahmen nach dem „schwarzen Freitag" 1929 dokumentieren Madsen (2001) und Grossman & Meissner (2007). Während der Abriegelung der europäischen Binnengrenzen im zweiten Quartal 2020 ging das BIP der EU-27 um 14 % zurück (OECD, 2021); Hatzius (2020) untersucht die Einbußen des globalen BIP infolge der Lockdown-Maßnahmen in verschiedenen Weltregionen.
10. Zu diesem Dialog siehe Husmann & Feldhusen (2014: 00:56:00–00:56:20). Zum Begriff des Individualrechtguts vgl. Hefendehl

et al. (2003), zum staatlichen Schutzauftrag und seiner moralischen Legitimität vgl. Locke (2014).
11. Zu den grenzüberschreitenden Verkehrsbewegungen in der Schweiz und den Optionen zu deren Kontrolle siehe Bundesrat (2016), die luxemburgische Statistik zeigt Statec (2020). Zur Mannschaftsstärke der Grenztruppen der DDR sowie deren Kollaborateuren in der Zivilbevölkerung vgl. Scheler et al. (2011) und Maurer (2015).
12. Zum weitgehend freien internationalen Reiseverkehr vor 1914 vgl. Keynes (1919), Kuntzemüller (1941), Zweig (1942), Eckert (2019). Illustrationen wirtschaftlicher Freiheit vor 1914 liefern Frieden (2007) und Berend (2012). Aus einer libertären Perspektive bieten Griswold (2012), Block (2016) und Guerreiro et al. (2020) eine differenzierte Sicht als Friedman. Neue Dispositive und ihre rechtlichen Grenzen diskutieren Graf (2006), Atger (2008), Casella Colombeau (2017, 2020).
13. Zur Reichweite der strategischen Ölreserve der USA vgl. United States Department of Energy (2020). Zur Treibstoffknappheit der Schweiz bei niedrigem Rheinpegel vgl. WBF (2018), zur Berechnung der Versorgungslage in Großbritannien vgl. DEFRA (2012).
14. Diese Strategie eignet sich vor allem für Kleinstaaten. In Monaco und Singapur ist die agrarische Anbaufläche annähernd Null, beide Staaten importieren beinahe 100 % ihres Lebensmittelkonsums (FAO, 2021; Teng, 2020). Zur internationalen Pacht von Agrarland vgl. Nolte et al. (2016).
15. Zur Unterbrechung des Nord-Süd-Gleiskorridors vgl. Büchel et al. (2019). Die Gesamtkosten für die betroffenen Produktions- und Logistikunternehmen werden auf ca. zwei Milliarden Euro geschätzt (Hanseatic Transport Consultancy, 2018).
16. Zu den technischen und geographischen Aspekten der REE-Förderung vgl. Klinger (2015). Zur industriellen Verwendung und Preisentwicklung während der Angebotskrise vgl. Humphries (2013). Zur Anlage in La Rochelle und ihrer Entstehungsgeschichte vgl. Fröhlich et al. (2017), Pöttgen (2020). Eine Einführung in die Techniken des „urban mining" bieten Brunner (2011) und Cossu & Williams (2015).

17. Das eurasische Erdgasnetz wurde, trotz aller ideologischen Gegensätze, in den 1970er Jahren gebaut. Westdeutsche Firmen errichteten erstmals Pipelines für sowjetisches Gas (Pohl, 1988). Zur Entstehung und Funktionsweise des heutigen, globalisierten LNG-Marks sowie dessen logistischer Infrastruktur vgl. Mokhatab et al. (2014).
18. Der eurasische Verbund verwendet sowohl Wechselstromarchitekturen (z. B. 220 kV- und 380 kV-Überlandleitungen) als auch Gleichstromtrassen (z. B. 300 kV-Unterseekabel durch Nord- und Ostsee). Die interaktiven Karten der europäischen Organisation der Stromnetzbetreiber (ENTSO-E) zeigen seine transnationale Verschaltung unter https://www.entsoe.eu/data/map/. Schwab (2015) erklärt die technischen Grundlagen solcher Netze. Zur Bedeutung der Topologie für die Stabilität von Stromnetzen siehe Metzger et al. (2020). Die saisonale Strommangellage in der Schweiz dokumentieren Kupper & Pallua (2016).
19. Zum Problem irrelevanter Alternativen und unzulässiger Lohnvergleiche siehe Boettke et al. (2013) und Hall & Leeson (2007).
20. Zur Kritik am *World Food Programme* vgl. Colding & Pinstrup-Andersen (1999), Barret (2006). Die „volunteers' folly" erläutert Knox (1999).
21. James (2008, 2009) zeigt, wie stark sich der „digital divide" in den Entwicklungsländern verringert hat, Graham (2019) kommentiert die dortige Verbreitung digitaler Transaktionsmodelle.
22. Die Schweiz reduzierte ihre CO_2-Emissionen von 2015 bis 2016 – also innerhalb eines Jahres – um ca. 1196 Kilotonnen, während China allein 2016 fast zehn Millionen Kilotonnen ausstieß. Das entspricht einer stündlichen Emission von ca. 1158 Kilotonnen CO_2 (World Bank, 2020b).
23. Zu den Treibhausgasemissionen des Weltseeverkehrs vgl. Molina et al. (2009). Zur Rolle persönlicher Interaktion bei Vertragsverhandlungen siehe Jarvenpaa & Leidner (1999). Abbasov et al. (2019) und BTS (2017) beleuchten die CO_2-Emissionen und die Müllproduktion von Kreuzfahrtschiffen.
24. Zur grundsätzlichen Problematik externer Effekte vgl. Sturm & Vogt (2018). Zur Standortverlagerung und Mobilität von

Produktionsfaktoren bei restriktiver Regulierung vgl. Hiscox (2020). Zur Renaissance CO_2-intensiver Produktionstechnologien in den USA zwischen 2016 und 2021 vgl. Ruhl & Salzman (2017), Kontorovich (2019).
25. Zur Ausgangsproblematik der FCKW und ihrer industriellen Verwendung vgl. Beyer & Walter (1991), zur Lösung der Problematik zusammenfassend Velders et al. (2007).
26. Zu zeitgenössischen Experimenten mit wasserstoffbetriebenen Flugzeugen, Zügen und Schiffen vgl. During (2020), Atilhan et al. (2021), Ash & Carpenter-Lomax (2020), DNV (2018).
27. Die Aussengrenze des Kantons Schaffhausen sowie die belgischen und niederländischen Exklaven und Enklaven in Baarle-Hertog und Baarle-Nassau bilden die wohl kompliziertesten Landgrenzen Europas. Zu ihrer Geschichte siehe Gerster (1999) sowie Whyte (2004). Das ökonomische Potenzial dieser komplexen Verhältnisse erörtern Gelbman & Timothy (2011).
28. Seit 1939 waren Konstanz und Kreuzlingen durch einen Grenzzaun getrennt, den die Bevölkerung bald sehr treffend „Judenzaun" nannte, vgl. Moser (2014). Seine letzten Reste wurden erst 2006 abgebaut. Am Grenzübergang Tägermoos blieb ein kleines Stück zur Dokumentation stehen.
29. Zur Wirtschaftsgeschichte und Bedeutung des Rheinkorridors vgl. von der Borght (1892), Kirk (2016). Die Schweizer Kantone sowie die deutschen Bundesländer sind teilsouveräne Völkerrechtssubjekte. Sie können selbständig Staatsverträge schließen, sofern nicht die Zustimmung des Bundesstaates bzw. der Eidgenossenschaft erforderlich ist, vgl. von Beyme (2010), Häfelin et al. (2016).
30. Die Schweiz und Italien tauschten 1955 insgesamt 45 Hektar ihres jeweiligen Staatsgebiets, damit das Wasserkraftwerk im Valle di Lei ganz auf Schweizer Territorium gebaut werden konnte (SR 0.132.454.21). Zwischen 1890 und 1928 erteilten das Großherzogtum bzw. Land Baden wie auch die Schweizer Kantone den Kraftwerksbetreibern vielfältige Konzessionen, damit sie grenzüberschreitende Rheinkraftwerke errichten konnten. Zur Wirtschaftsgeschichte des Rheins vgl. Tümmers (1999).

31. Das grenzüberschreitende Interesse am Umwelt- und Gewässerschutz diskutiert Giger (2009).
32. Zur regionalen Grenzöffnung auch im Lockdown vgl. EU (2020), Eich (2020). Zur überregionalen, auf dem Verordnungsweg eingeführten Reiseregelung vgl. Baden-Württemberg (2021).
33. Zum EuroAirport vgl. Peyer (1996), Walker & Basiliensis (1995), zum grenzüberschreitenden Regionalverkehr im Dreiländereck um Basel vgl. Oberrheinkonferenz (2014). Die multimodale und transnationale Vernetzung der dortigen Logistikinfrastruktur dokumentieren Rapp & Sänger (1994), Dumielle (2015), BAK Basel (2016). Bereits im 19. Jahrhundert beginnt die technische Integration des Eisenbahnverkehrs, im 20. Jahrhundert diejenige der Wasserstraßen und Hafeninfrastruktur (Kuntzemüller, 1941; Staatsarchiv Basel-Stadt, 2021).
34. Zu Avantis vgl. ILS (2011) und Ligthart (2004), zum Europark siehe Middel et al. (1997). Die technischen und staatsrechtlichen Probleme des grenzüberschreitenden Bahnbetriebs im deutsch-schweizerischen Grenzgebiet beleuchtet Kuntzemüller (1941). Zur Baugeschichte des CERN siehe Hermann et al. (1990).
35. Zur Reziprozität und Sanktionierung abweichenden Verhaltens in Siedlungsgruppen vgl. Coleman (1988), Habyarimana et al. (2009). Die Entwicklung prosozialen Verhaltens in großen, diversen Gesellschaften erfordert mitunter, dass lokale Netzwerke untereinander bekannter Individuen neue Kontakte zu bislang Unbekannten aufbauen (Portes & Vickstrom, 2011; Crisp & Meleady, 2012). Wirtschaftliche Vernetzung ist ein wesentlicher Treiber überstaatlichen Sozialkapitals (Buchan et al., 2009). Zum experimentellen Nachweis der Marktintegrationshypothese vgl. Henrich et al. (2001), Baldassari (2020).
36. Eine Einführung in die Wirtschaftsgeographie bieten Kulke (2012) und Bathelt & Glückler (2012). Zur überstaatlichen Gemeinschaftsidee vgl. Russett (1967).
37. Zur arbeitsintensiven Landwirtschaft der europäischen Aristokratie vor 1914 vgl. Blom (2009), zu agrarischen Schutzzöllen in dieser Zeit z. B. Dietzel (1903). Die Bau- und Fahrtgeschichte der *S.S. Elderslie* dokumentiert Oddy (2016).

38. Die Beiträge der Landwirtschaft zu BIP und Erwerbsquote in diversen Staaten dokumentiert World Bank (2020d), ihre Subventionsintensität zeigt die OECD (2017). Norwegen und die Schweiz zahlen die höchsten Agrarsubventionen in Europa, dennoch können sie sich nicht selbst versorgen. Zur Subventionspolitik der EU vgl. Marković & Marković (2014), Fritz-Vannahme et al. (2012) und Massot (2020). Speziell zum geplanten FHA Schweiz-USA siehe Nell & Zimmermann (2007).
39. Nationale Lobbygruppen, fehlgeschlagene Liberalisierungsversuche und die Diskriminierung der Entwicklungsländer dokumentieren z. B. Gawande & Hoekman (2006) und Moss & Bannon (2004). Das Wachstumspotenzial der Landwirtschaft in Entwicklungsländern sowie dessen positive Auswirkungen auf politische Stabilität und Volkseinkommen zeigen Imai et al. (2017). Trotz der Präferenzabkommen sind die wirtschaftspolitischen Handlungsmöglichkeiten der Entwicklungsländer begrenzt, vgl. Boidin (2020).
40. Zu den radikalen Landwirtschaftsreformen in Australien und Neuseeland vgl. OECD (2017), Daugbjerg & Feindt (2017). Obwohl beide Staaten fast alle Agrarsubventionen abgeschafft haben, ist ihr Selbstversorgungsgrad sogar gestiegen (OECD, 2017; FAO, 2012). Zur Durchlöcherung des wechselseitig abgeschotteten Käsemarkts in der Schweiz und der EU vgl. Breitschmid (2012), zu neuen Wettbewerbsvorteilen der schweizerischen Landwirtschaft z. B. Hochuli et al. (2021).
41. Die regulatorische Fragmentierung des ETCS diskutieren Walenberg et al. (2012) und Laroche & Guihéry (2013). Zum fehlenden Wettbewerb im europäischen Schienengüterverkehr vgl. Laroche et al. (2017), Höft (2018). Zur mangelhaften Integration der europäischen Schienenkorridore und dem diesbezüglichen Reformbedarf vgl. Finger & Kupfer (2018).
42. Zur „großen Eisenstraße" vgl. Kuntzemüller (1941). Den Grenzbahnhof Dostyk sowie die Bahninfrastruktur in Zentralasien beschreibt Hodgkinson (2016).
43. Ein TEU (*twenty-feet equivalent unit*) entspricht dem Ladevolumen eines Standardcontainers (ca. 38 Kubikmeter). Zu den technischen Herausforderungen beim Bau von Superfrachtern und den

Investitionsbedarfen in die logistische Infrastruktur vgl. Sánchez et al. (2021). Szenarien für die Containerschiffahrt der kommenden Jahrzehnte entwerfen Keupp (2015) sowie Saxon & Stone (2017).
44. Die These einer „erschöpften Globalisierung" vertreten z. B. Hüther et al. (2018). Auch Safranski (2019) spekuliert, ob der Mensch nur ein gewisses Mass an wirtschaftlicher Vernetzung zu ertragen imstande ist.
45. Projektbeschreibungen und Fortschrittsberichte der IIRSA-Initiative liefern Rascovan (2016), Van Dijck (2019). Die Position der pazifischen Allianz erläutert Villarreal (2014), die der Mercosur-Mitglieder z. B. Caceres (2011).
46. Zu den neueren Freihandelsabkommen der Schweiz vgl. SECO (2021), zur zunehmenden Vernetzung der südlichen Staaten siehe Dür et al. (2014) und WTO (2020c). Nachdem die USA dem TPP-Abkommen die Ratifikation verweigerten, handelten die übrigen Nationen die Nachfolgeabkommen RCEP und CPTPP unter sich aus. Seither sind die USA im asiatisch-pazifischen Raum handelspolitisch zunehmend isoliert, siehe dazu Malik (2018), Chow et al. (2018).
47. Die „beggar thy neighbor"-Politik der 1930er Jahre erklärt Geist (2013). Zum Selbstverständnis der EU vgl. Art. 3 EU-Vertrag sowie die Präambel des AEUV. Zum sicherheitspolitischen Bericht der Schweiz von 1973 siehe Wenger & Nünlist (2016). Die „peace by trade"-Hypothese befürwortend Cali (2015), Hegre et al. (2019), Polacheck et al. (2007), relativierend Li & Reuveny (2011), ablehnend Mansfield & Pevehouse (2000). Zur strittigen These, dass wirtschaftliche Vernetzung zwischenstaatliche Konflikte sogar fördern könne, vgl. Copeland (1996); Barbieri (1996); Oneal & Russett (1999), Mansfield & Pollins (2003).
48. Zum Entzug des Lehens als Bestrafungsmechanismus siehe Goez (1962), zum Bürgerkrieg zwischen Staufern und Welfen im HRR vgl. Luckhardt & Niehoff (1995), Fried & Oexlex (2003). Zeitgenössische Illustrationen der Mechanik „Reichtum gegen Gehorsam" liefern Balzer (2003) und Drew et al. (2014). Roth (1987), Karadag (2010) und Hanson (2014) zeigen deren autoritären Charakter sowie die Folgen der Unterdrückung von Eigen-

tums- und Freiheitsrechten auf. Zur scheinlegalen Enteignung (*„reiderstvo"*) in Russland vgl. Goldman (2004), Viktorov (2019), Madlovics & Magyar (2021).
49. Das Privateigentum und die Verfügungsmacht des Eigentümers darüber sind zentrale Komponenten der römischen Rechtsordnung. Stirner (2016) zeigt auf, wie und warum das Eigentum menschliche Freiheit ermöglicht.

Literatur

AAPG-EMD. (2019). Unconventional energy resources: 2017 Review. *National Resources Research, 28*, 1661–1751.

Abbasov, F., Earl, T., Jeanne, N., Hemmings, B., Gilliam, L., & Calvo Ambel, C. (2019). *One corporation to pollute them all*. Transportation & Environment.

Abboushi, S. (2010). Trade protectionism: Reasons and outcomes. *Competitiveness Review, 20*(5), 384–394.

Abelshauser, W. (1998). Wirtschaftsgeschichte der Bundesrepublik Deutschland (1945–1980) (S. 85 ff.). Suhrkamp.

Acemoglu, D. (2008). *Introduction to modern economic growth*. Princeton University Press.

Acemoglu, D., & Johnson, S. (2005). Unbundling institutions. *Journal of Political Economy, 113*, 949–995.

Acemoglu, D., & Robinson, J. (2012). *Why nations fail*. Crown.

Achilles, W. (1993). *Deutsche Agrargeschichte im Zeitalter der Reformen und der Industrialisierung*. Verlag Eugen Ulmer.

Ager, P., & Brückner, M. (2013). Cultural diversity and economic growth: Evidence from the US during the age of mass migration. *European Economic Review, 64*, 76–97.

Akinci, O., & Queralto, A. (2014). Banks, capital flows and financial crises. *FRB International Finance Discussion Paper* 1121.

Alecke, B., Mitze, T., & Untiedt, G. (2010). 20 Jahre deutsche Einheit – Ist die ostdeutsche Wirtschaft immer noch „krank"? *List Forum für Wirtschafts- und Finanzpolitik, 36*(1), 1–28.

Amuzegar, J. (1992). The Iranian economy before and after the revolution. *Middle East Journal, 46*(3), 413–425.

Anderegg, R. (2014). *Grundzüge der Geldtheorie und Geldpolitik.* Oldenbourg Wissenschaftsverlag.

Anderson, T., & Landry, C. (2001). Exporting water to the world. *Journal of Water Resources Update, 118*, 60–67.

Andrews, K. (1966). *Elizabethan privateering: English privateering during the Spanish War, 1585–1603.* Cambridge University Press.

Aremu, J. (2018). A historical analysis of the nature, causes and impact of the foreign debt crisis in Latin America, 1970–1980. *Humanities and Social Sciences Letters, 6*(3), 74–83.

Arezki, R., et al. (2017). *Oil prices and the global economy.* International Monetary Fund.

Arlettaz, G. (1977). L'intégration des émigrants suisses aux Etats-Unis 1850–1939. *Relations internationales, 12*, 307–325.

Armaroli, N., & Balzani, V. (2007). The future of energy supply: Challenges and opportunities. *Angewandte Chemie International Edition, 46*, 52–66.

Arndt, H., Fischer, K., & Fetzer, T. (2010). *Europarecht.* CF Müller.

Arnorsson, A., & Zoega, G. (2018). On the causes of Brexit. *European Journal of Political Economy, 55*, 301–323.

Ash, M., & Söllner, A. (Hrsg.). (2002). *Forced migration and scientific change.* Cambridge University Press.

Ash, N., & Carpenter-Lomax, O. (2020). *Zero-carbon for shipping.* Ocean Conservancy.

Asmussen, G. (1999). Die Lübecker Flandernfahrer in der zweiten Hälfte des 14. Jahrhunderts (1358–1408) (S. 38 ff.). Peter Lang.

Atger, A. (2008). *The abolition of internal border checks in an enlarged Schengen area: Freedom of movement or a scattered web of security checks?* CEPS.

Atilhan, S., Park, S., El-Halwagi, M., Atilhan, M., Moore, M., & Nielsen, R. (2021). Green hydrogen as an alternative fuel for the shipping industry. *Current Opinion in Chemical Engineering, 31*, 100668.

Azman-Saini, W., Baharumshah, A., & Law, S. (2010). Foreign direct investment, economic freedom and economic growth: International evidence. *Economic Modelling, 275*(5), 1079–1089.

Babenko, S., Badin, A., & Ovchinnikov, A. (2016). Estimation of the permissible time for human presence in the zone of an emergency release of uranium hexafluoride with inhalation. *Moscow University Physics Bulletin, 71*(5), 514–519.

Bach, H., Bergek, A., Bjørgum, Ø., Hansen, T., Kenzhegaliyeva, A., & Steen, M. (2020). Implementing maritime batteryelectric and hydrogen solutions: A technological innovation systems analysis. *Transportation Research Part D: Transport and Environment, 87*, 102492.

Baden-Württemberg. (2021). Verordnung des Sozialministeriums zu Quarantänemaßnahmen für Ein- und Rückreisende (CoronaVO EQ), mehrfach geändert, GBl. 2021 42 L.

Baehr, H., & Kabelac, S. (2012). *Thermodynamik: Grundlagen und technische Anwendungen.* Springer.

Baer-Nawrocka, A., & Sadowski, A. (2019). Food security and food self-sufficiency around the world: A typology of countries. *PLoS ONE, 14*(3), e0213448.

Baeriswyl, A. (2018). Zähringerstädte. Ein städtebaulicher Mythos unter der Lupe der Archäologie. In J. Dendorfer, H. Krieg, & R. Regnath (Hrsg.), Die Zähringer. Rang und Herrschaft um 1200 (S. 125–140). Ostfildern: Veröffentlichungen des Alemannischen Instituts Freiburg i. Br. 85.

BAG. (2014). Impfstoffversorgung in der Schweiz: Situationsanalyse und nächste Schritte. *Bulletin BAG, 48*, 829–833.

BAK Basel. (2013). *Ökonomisches Argumentarium: Auswirkungen von Arbeitszeitveränderungen auf Arbeitskosten, Output und Beschäftigung – Zusammenfassung und Einordnung theoretischer und empirischer Befunde* (S. 12 ff.). BAK Basel Economics.

BAK Basel. (2016). *Die Volkswirtschaftliche Bedeutung der Schweizerischen Rheinhäfen.* BAK Basel Economics.

Baldassari, D. (2020). Market integration accounts for local variation in generalized altruism in a nationwide lost-letter experiment. *Proceedings of the National Academy of Science, 117*(6), 2858–2863.

Balzer, H. (2003). Managed pluralism: Vladimir Putin's emerging regime. *Post-Soviet Affairs, 19*(3), 189–227.

Barbieri, K. (1996). Economic interdependence: A path to peace or a source of interstate conflict? *Journal of Peace Research, 33*(1), 29–49.

Barrett, C. (2006). *Food aid's intended and unintended consequences.* Food and Agriculture Organization of the United Nations.

Barša, P. (2000). The limits of the nation-state or deconstructing the anarchy/community dichotomy of modern politics. *Perspectives, 14*, 5–26.
Bathelt, H., & Glückler, J. (2012). *Wirtschaftsgeographie – Ökonomische Beziehungen in räumlicher Perspektive.* UTB.
Baumgarten, K., & Freitag, P. (2004). *Die Grenzen der DDR.* Edition Ost.
Berend, I. (2012). *An economic history of twentieth-century Europe.* Cambridge University Press.
Bergin, A., Gerald, J., Kearney, I., & O'Sullivan, C. (2011). The Irish fiscal crisis. *National Institute Economic Review, 217*(1), 47–59.
Bergougnoux, V. (2014). The history of tomato: From domestication to biopharming. *Biotechnology Advances, 32*(1), 170–189.
Bernholz, P., Streit, M., & Vaubel, R. (Hrsg.). (1998). *Political competition, innovation and growth: A historical analysis.* Springer.
Beyer, H., & Walter, W. (1991). Fluorierte Kohlenwasserstoffe. Lehrbuch der organischen Chemie (S. 138 ff.). Stuttgart: Hirzel.
Bhansali, V. (2021). Lending to lose: Who buys negatively yielding bonds and what it means for investors. *Journal of Investment Management, 19*(1).
Bhat, S., Bashir, O., Bilal, M., Ishaq, A., Dar, M., Kumar, R., Bhat, R., & Sher, F. (2021). Impact of COVID-related lockdowns on environmental and climate change scenarios. *Environmental Research, 195*, 110839.
Bina, C. (2004). Industrielle Reservearmee. In W. Haug (Hrsg.), *Historisch-kritisches Wörterbuch des Marxismus* (Bd. 6/II, S. 1003–1011). München: Heyne.
Bindraban, P., Dimkpa, C., & Pandey, R. (2020). Exploring phosphorus fertilizers and fertilization strategies for improved human and environmental health. *Biology and Fertility of Soils, 56*, 299–317.
Birkett, D., & Mala-Jetmarova, H. (2014). Plan, prepare and safeguard: Water critical infrastructure protection in Australia. In R. Clark & S. Hakim (Hrsg.) Securing water and wastewater systems. Protecting critical infrastructure, Bd. 2. Springer.
Bispinck, H. (2009). *„Republikflucht": Flucht und Ausreise als Problem für die DDR-Führung* (S. 285–310). Oldenbourg Wissenschaftsverlag.
Block, W. (2016). A response to the libertarian critics of open-borders libertarianism. *Lincoln Memorial University Law Review, 4*(1), 142–165.
Blom, P. (2009). *Der taumelnde Kontinent. Europa 1900–1914.* Carl Hanser.
Blum, U., Rosenthal, E., & Diekmann, B. (2020). Fossile Energieträger. In Energie – Grundlagen für Ingenieure und Naturwissenschaftler. Springer.

Boeri, T., Burda, M., & Kramarz, F. (Hrsg.), Working hours and job sharing in the EU and USA. Oxford University Press.
Boettke, P. (1998). Economic calculation: The Austrian contribution to political economy. *Advances in Austrian Economics, 5*, 131–158.
Boettke, P., Coyne, C., & Leeson, P. (2013). Comparative historical political economy. *Journal of Institutional Economics, 9*, 285–301.
Böhmer, M., Limbers, J., Pivac, A., & Weinelt, H. (2016). *Abkehr vom Schengen-Abkommen: Gesamtwirtschaftliche Wirkungen auf Deutschland und die Länder der Europäischen Union*. Bertelsmann Stiftung.
Boidin, J. C. (2020). ACP-EU relations: The end of preferences? European Centre for Development Policy.
Bojanowski, A. (2014). Die Erde hat ein Leck – und andere rätselhafte Phänomene unseres Planeten (S. 26 ff.). DVA.
Bordo, M., & Eichengreen, B. (1993). *A retrospective on the Bretton Woods system*. University of Chicago Press.
Borensztein, E., De Gregoro, J., & Lee, J. (1998). How does FDI affect economic growth? *International Economics Journal, 45*(1), 115–135.
Bossong, H. (2011). Suchtpolitik im paternalistischen, aktivierenden oder ermöglichenden Staat: Versuch einer Entwirrung. *ORDO, 62*(1), 178–204.
BP. (2015). Energy Outlook 2035, focus on North America. British Petroleum.
BP. (2020). Energy Outlook: 2020 Edition. British Petroleum.
Brada, J., Kutan, A., & Vukšić, G. (2011). The costs of moving money across borders and the volume of capital flight: The case of Russia and other CIS countries. *Review of World Economics, 147*, 717–744.
Brandt, A. (2007). Testing hubbert. *Energy Policy, 35*(5), 3074–3088.
Bray, F., Coclanis, P., Fields-Black, E., & Schäfer, D. (2015). *Rice*. Cambridge University Press.
Breitschmid, C. (2012). *Agrarfreihandel Schweiz-EU: Analyse vor dem Hintergrund der Käsemarkt-Liberalisierung*. Europainstitut der Universität Basel.
Broers, M. (2014). *Europe under Napoleon*. Bloomsbury Publishing.
Brown, W., & Poon, T. (2020). *Einführung in die Organische Chemie*. Wiley-VCH.
Brücker, H. (1995). *Privatisierung in Ostdeutschland*. Campus.
Bruff, I., & Tansel, C. (2019). Authoritarian neoliberalism: Trajectories of knowledge production and praxis. *Globalizations, 16*(3), 233–244.
Brunner, P. (2011). Urban Mining: A contribution to reindustrializing the city. *Journal of Industrial Ecology, 15*, 339–341.
Bruno, V., & Shin, S. (2013). *Capital flows, cross-border banking and global liquidity*. National Bureau of Economic Research.

BTS. (2017). *Summary of cruise ship waste streams (elektronische Daten)*. Bureau of Transportation Statistics.

Buchan, N., Grimalda, G., Wilson, R., Brewer, M., Fatas, E., & Foddy, M. (2009). Globalization and human cooperation. *Proceedings of the National Academy of Science, 106*(11), 4138–4142.

Büchel, B., Partl, T., & Corman, F. (2019). The disruption at Rastatt and its effects on the Swiss railway system. In: Proceedings of the 8th International Conference on Railway Operations Modelling and Analysis (ICROMA), Norrköping (S. 201–218). Linköping University.

Buettner, T., & Rincke, J. (2007). Labor market effects of economic integration: The impact of re-unification in German border regions. *German Economic Review, 8*(4), 536–560.

Buhl, M. (2011). *Das Paradies des August Engelhardt*. Die Andere Bibliothek/Eichborn.

Bundesamt für Statistik. (2021a). Statistik der Schweizer Städte 2020 (elektronische Daten). Statistisches Jahrbuch des Schweizerischen Städteverbandes, 82. Ausgabe.

Bundesamt für Statistik. (2021b). *Arbeit und Erwerb (elektronische Daten)*. Bundesamt für Statistik.

Bundeskanzlei. (2020). Chronologie Volksabstimmungen 2011–2020. Schweizerische Eidgenossenschaft.

Bundesrat. (2002). *Botschaft über die Revision des Nationalbankgesetzes (02.050 vom 26.6.2002)*. Schweizerische Eidgenossenschaft.

Bundesrat. (2016). *Rolle und zukünftiger Bestand des Grenzwachtkorps. Bericht in Erfüllung des Postulates 16.3005 der Sicherheitspolitischen Kommission des Nationalrats vom 26. Januar 2016*. Schweizerische Eidgenossenschaft.

Button, M. (2020). Editorial: Economic and industrial espionage. *Security Journal, 33*, 1–5.

Byers, S. (1880). A letter from the United States consul at Zurich. A protest against the consignment of European paupers and criminals to America. *Chicago Daily Tribune*, November 15, 1880.

Caceres, L. (2011). Economic integration and unemployment in Mercosur. *Journal of Economic Integration, 26*(1), 45–65.

Cali, M. (2015). *Trading away from conflict using trade to increase resilience in fragile states*. World Bank.

Calmfors, L. (1995). Labour market policy and unemployment. *European Economic Review, 39*(3–4), 583–592.

Cameron, R. (1993). *Concise economic history of the world: From paleolithic times to the present*. Oxford University Press.

Capie, F., Fischer, S., Goodhart, C., & Schnadt, N. (Hrsg.). (1994). *The future of central banking: The tercentenary symposium of the Bank of England* (S. 1–261). Cambridge.
Card, D., Kluve, J., & Weber, A. (2018). What works? A meta analysis of recent active labor market program evaluations. *Journal of the European Economic Association, 16*(3), 894–931.
Casella Colombeau, S. (2017). Policing the internal Schengen borders – managing the double bind between free movement and migration control. *Policing and Society, 27*(5), 480–493.
Casella Colombeau, S. (2020). Crisis of Schengen? The effect of two 'migrant crises' (2011 and 2015) on the free movement of people at an internal Schengen border. *Journal of Ethnic and Migration Studies, 46*(11), 2258–2274.
Cassel, S., & Thomas, T. (2020). Soziale Probleme nicht durch staatliche Preise verschärfen. *List Forum für Wirtschafts und Finanzpolitik, 45*(3), 373–375.
Chen, J., Loeb, S., & Kim, J. (2017). LED revolution: Fundamentals and prospects for UV disinfection applications. *Environmental Science: Water Research & Technology, 3*(2), 188–202.
Chesnoy, J. (Hrsg.). (2015). *Undersea fiber communication systems*. Academic Press.
Chheda, J., Huber, G., & James, A. (2007). Katalytische Flüssigphasenumwandlung oxygenierter Kohlenwasserstoffe aus Biomasse zu Treibstoffen und Rohstoffen für die Chemiewirtschaft. *Angewandte Chemie, 119*, 7298–7318.
Choe, J. (2003). Do foreign direct investment and gross domestic investment promote economic growth? *Review of Development Studies, 7*(1), 44–57.
Chomsky, N. (1999). *Profit over people: Neoliberalism and global order*. Seven Stories Press.
Chow, D., Sheldon, I., & McGuire, W. (2018). How the United States withdrawal from the Trans-Pacific Partnership benefits China. *University of Pennsylvania Journal of Law and Public Affairs, 4*(1), 38–80.
Claas. (2020). *Internationaler Erntekalender*. Harsewinkel: Claas KGaA mbH.
Clapp, J. (2017). Food self-sufficiency: Making sense of it, and when it makes sense. *Food Policy, 66*, 88–96.
Clavien, C. (2018). Ethics of nudges: A general framework with a focus on shared preference justifications. *Journal of Moral Education, 47*(3), 366–438.
Coates Ulrichsen, K. (2016). *The gulf states in international political economy*. Palgrave Macmillan.
Cohen, J. (2020). China's vaccine gambit. *Science, 370*(6522), 1263–1267.

Colding, B., & Pinstrup-Andersen, P. (1999). Denmark's contribution to the world food programme: A success story. *Food Policy, 24*(1), 93–108.
Coleman, J. (1988). Social capital in the creation of human capital. *American Journal of Sociology, 94*, 95–120.
Collins, S., & McCombie, S. (2012). Stuxnet: The emergence of a new cyber weapon and its implications. *Journal of Policing, Intelligence and Counter Terrorism, 7*(1), 80–91.
Conant, J. (2005). *Sanitation and cleanliness for a healthy environment.* Hesperian Foundation.
Constable, S. (2020). Five reasons why investors might buy negative-yielding debt. *Wall Street Journal*, Oct 4, 2020.
Copeland, D. (1996). Economic interdependence and war: A theory of trade expectations. *International Security, 20*(4), 5–41.
Coppa, F. (Hrsg.). (2006). *Encyclopedia of modern dictators: From Napoleon to the present.* Peter Lang.
Cossu, R., & Williams, I. (2015). Urban mining: Concepts, terminology, challenges. *Waste Management, 45*, 1–3.
Costa, E., & Pinho, M. (2020). Does implicit healthcare rationing impose an unfair legal burden on doctors? A study of Portuguese jurisprudence. *Medical Law International, 20*(1), 31–57.
Coyne, C., & Leeson, P. (2004). The plight of underdeveloped countries. *Cato Journal, 24*, 235–249.
Coyne, K., & Knutzen, E. (2010). *The urban homestead: Your guide to self-sufficient living in the heart of the city.* Process Media.
Crisp, R., & Meleady, R. (2012). Adapting to a multicultural future. *Science, 336*(6083), 853–855.
Daude, C., & Stein, E. (2007). The quality of institutions and foreign direct investment. *Economics & Politics, 19*, 317–344.
Daugbjerg, C., & Feindt, P. (2017). Post-exceptionalism in public policy: Transforming food and agricultural policy. *Journal of European Public Policy, 24*(11), 1565–1584.
De Jasay, A. (1985). *The state.* Basil Blackwell.
De Soto, H. (1989). *The other path.* Basic Books.
Deaton, A. (2013). *The great escape: Health, wealth, and the origins of inequality.* Princeton University Press.
DEFRA. (2012). *Food statistics pocketbook 2012.* Department for Environment, Food and Rural Affairs.

Dellasega, M., & Vorrath, J. (2020). *Ein Paradies für Gangster? Transnationale organisierte Kriminalität in Zeiten der Covid-19-Pandemie (SWP-Aktuell, 93/2020)*. Stiftung Wissenschaft und Politik.
Depenheuer, O. (2007). Selbstbehauptung des Rechtsstaates (S. 75–104). Ferdinand Schöningh.
DGE/ÖGE/SGE (Hrsg.) (2015). Referenzwerte für die Nährstoffzufuhr. Deutsche/Österreichische/Schweizerische Gesellschaft für Ernährung. Neuer Umschau Verlag.
Dietzel, F., & Wagner, W. (2013). *Technische Wärmelehre*. Vogel Communications.
Dietzel, H. (1903). The German tariff controversy. *Quarterly Journal of Economics, 17*(3), 365–416.
Diggelmann, O. (2018). *Völkerrecht*. Hier + Jetzt Verlag.
DLG. (2016). Landwirtschaft in Deutschland. DLG-Nachhaltigkeitsbericht 2016. Deutsche Lebensmittelgesellschaft e. V.
DNV. (2018). Alternative fuels: The options. Det Norske Veritas Group.
Drew, A., Kriz, A., & Redding, G. (2014). Paternalism in Chinese business systems. In T. Yu & H.-D. Yan (Hrsg.), *Handbook of East Asian entrepreneurship* (S. 121–131). Routledge.
Drezner, D. (2014). *The system worked: How the world stopped another great depression*. Oxford University Press.
Dumielle, I. (2015). *Sur les canaux d'Alsace*. Ouest-France.
Dumke, R. (1984). Der Deutsche Zollverein als Modell ökonomischer Integration. *Geschichte und Gesellschaft* 10 (Sonderheft), 71–101.
Dür, A., Baccini, L., & Elsig, M. (2014). The design of international trade agreements: Introducing a new dataset. *The Review of International Organizations, 9*(3), 353–375.
During, R. (2020). Airbus setzt auf Wasserstoff: Konzepte für emissionsfreies Flugzeug. *FliegerRevue, 12*(2020), 15.
Easterly, W., Woolcock, M., & Ritzen, J. (2006). Social cohesion, institutions and growth. *Economics and Politics, 18*, 103–120.
Eckermann, E., & Grätz, D. (2008). *Fahren mit Holz: Geschichte und Technik der Holzgasgeneratoren und Ersatzantriebe*. Delius Klasing.
Eckert, A. (2019). Ungleichzeitigkeit, Mobilität und die Transformation der Arbeit: Globalhistorische Perspektiven auf das 19. Jahrhundert. In B. Aschmann (Hrsg.) Durchbruch der Moderne? Neue Perspektiven auf das 19. Jahrhundert (S. 282 ff.). Campus.

EFPIA. (2019). The pharmaceutical industry in figures. Key data 2019 (elektronische Daten). Brussels: European Federation of Pharmaceutical Industries and Associations.

Eggmann, S. (2017). *Vom Stausee verdrängt – vom Stausee geschenkt. Technikgeschichte aus kulturwissenschaftlicher Perspektive: Erkundungen zu Biographie, Lebenswelt und Erinnerung.* Böhlau.

Eich, S. (2020). *Corona: EU-Informationsportal über Massnahmen im Warenverkehr.* Germany Trade & Invest.

Eichengreen, B. (1995). *Golden fetters: The gold standard and the great depression 1919–1939.* Oxford University Press.

Eichengreen, B. (2015). *Hall of mirrors: The great depression, the great recession, and the uses and misuses of history.* Oxford University Press.

Eiden, H. (1995). *„In der Knechtschaft werdet ihr verharren …" Ursachen und Verlauf des englischen Bauernaufstandes von 1381.* Trierer Historische Forschungen.

Enderlein, H., et al. (2017). *Vier Freiheiten in der EU: Sind sie untrennbar?* Bertelsmann Stiftung und Jacques Delors Institut.

Enders, K., & Herberg, H. (1983). The Dutch disease: Causes, consequences, cures and calmatives. *Weltwirtschaftliches Archiv, 119*(3), 473–497.

EU. (2003). Entscheidung der Kommission vom 27.8.2003 in Bezug auf ein Verfahren nach Artikel 82 EG-Vertrag (COMP/ 37.685 GVG/FS). Europäische Union.

EU. (2020). Mitteilung der Kommission über die Umsetzung so genannter „Green Lanes" im Rahmen der Leitlinien für Grenzmanagementmassnahmen zum Schutz der Gesundheit und zur Sicherstellung der Verfügbarkeit von Waren und wesentlichen Dienstleistungen. *Amtsblatt der Europäischen Union* CI96/1, 24.03.2020. Europäische Union.

Evans, R. (1990). *Tod in Hamburg. Stadt, Gesellschaft und Politik in den Cholera-Jahren 1830–1910.* Rowohlt Verlag.

Fajgelbaum, P., Goldberg, P., Kennedy, P., & Khandelwal, A. (2020). The return to protectionism. *The Quarterly Journal of Economics, 135*(1), 1–55.

FAO. (2003). *Review of world water resources by country.* Food and Agriculture Organization of the United Nations.

FAO. (2012). *FAO statistical pocket book 2012 – world food and agriculture* (S. 36). Food and Agriculture Organization of the United Nations.

FAO. (2017). *The future of food and agriculture – trends and challenges.* Food and Agriculture Organization of the United Nations.

FAO. (2020a). Phosphor. New Food Balances (elektronische Daten). Food and Agriculture Organization of the United Nations.
FAO. (2020b). Soyabeans. New Food Balances (elektronische Daten). Food and Agriculture Organization of the United Nations.
FAO. (2020c). *Commodities by country – Imports (elektronische Daten)*. Food and Agriculture Organization of the United Nations.
FAO. (2020d). *Commodities by country – Exports (elektronische Daten)*. Food and Agriculture Organization of the United Nations.
FAO. (2021). *New food balances (elektronische Daten)*. Food and Agricultural Organization of the United Nations.
Fassio, C., Montobbio, F., & Venturini, A. (2019). Skilled migration and innovation in European industries. Research Policy, 48(3), 706–718.
Feenstra, R. (1996). Trade and uneven growth. Journal of Development Economics, 49(1), 229–256.
Felbermayr, G. (2020). Welthandel post Coronam. Wirtschaftsdienst, 100, 340–343.
Felbermayr, G., Gröschl, J., & Steinwachs, T. (2016). The trade effects of border controls: Evidence from the European Schengen Agreement. IFO working paper No. 213.
Fest, J. (2003). *Hitler. Eine Biographie*. Propyläen.
Finger, M., & Kupfer, D. (2018). Improving European rail freight. Policy Brief 10/2018. Robert Schuman Centre for Advanced Studies.
Flückiger, M., Rutzer, C., & Weder, R. (2016). Die Schweizer Wirtschaft zwischen Hammer und Amboss: Eine Analyse der «Franken-Schocks» 2010/11 und 2015. Aussenwirtschaft, 67(3), 95–133.
Fourastié, J. (1979). *Les trente glorieuses: Ou, la révolution invisible de 1946 à 1975*. Fayard.
Francis, J., Zheng, C., & Mukherji, A. (2009). An institutional perspective on foreign direct investment. Management International Review, 49, 565–583.
Franz, W. (1994). *Arbeitsmarktökonomik*. Springer.
Fraunhofer ISE (2021). Aktuelle Fakten zur Photovoltaik in Deutschland. Fraunhofer-Institut für Solare Energiesysteme.
Fried, J., & Oexlex, O. (2003). *Heinrich der Löwe. Herrschaft und Repräsentation*. Thorbecke.
Frieden, J. (2007). *Global capitalism: Its fall and rise in the twentieth century*. Norton & Company.
Fritz-Vannahme, J., García Schmidt, A., Hierlemann, D., & Vehrkamp, R. (2012). *Europa wagen*. Bertelsmann Stiftung.

Fröhlich, P., Lorenz, T., Martin, G., Brett, B., & Bertau, M. (2017). Wertmetalle. Gewinnungsverfahren, aktuelle Trends und Recyclingstrategien. *Angewandte Chemie, 129*(10), 2586–2624.
Fromm, E. (1961). Marx's concept of man (S. 32 ff.). Frederick Ungar.
FTC. (2016). *Enforcement policy statement on marketing claims for OTC homeopathic drugs*. Federal Trade Commission.
Gamble, A. (1994). *Britain in decline: Economic policy, political strategy and the British state*. Palgrave Macmillan.
Gartner. (2020). Gartner says worldwide PC shipments grew 2.3% in 4Q19 and 0.6% for the year (elektronische Daten). Gartner.
Gawande, K., & Hoekman, B. (2006). Lobbying and agricultural trade policy in the United States. *International Organization, 60*, 527–561.
Geis, W., Uebelmesser, S., & Werding, M. (2013). Migrants' choice of their destination country. *Review of International Economics, 21*, 825–840.
Geist, C. (2013). *Beggar thy neighbor: A history of usury and debt*. University of Pennsylvania Press.
Gelbman, A., & Timothy, D. (2011). Border complexity, tourism and international exclaves: A case study. *Annals of Tourism Research, 38*(1), 110–131.
Gerster, A. (1999). *Grenzgang: Entlang der Schaffhauser Landesgrenze*. Meier Buchverlag.
Giger, W. (2009). The Rhine red, the fish dead – the 1986 Schweizerhalle disaster, a retrospect and long-term impact assessment. *Environmental Science and Pollution Research, 16*, 98–111.
Gikiri, S. (2017). Chinese Health Assistance (CHA) in East Africa. *IOSR Journal of Humanities and Social Science, 22*, 12–22.
Gill, S. (2004). *Wordsworth's „Guide to the Lakes"*. Frances Lincoln.
Gimson, A. (2006). *Boris: The rise of Boris Johnson*. Simon & Schuster.
Giordani, P., Rocha, N., & Ruta, M. (2016). Food prices and the multiplier effect of trade policy. *Journal of International Economics, 101*, 102–122.
Gleick, P. (2006). Water and terrorism. *Water Policy, 8*, 481–503.
Global Energy Monitor & Center for Research on Energy and Clean Air, (Hrsg.). (2020). *China dominates 2020 coal plant development*. Global Energy Monitor.
Goez, W. (1962). *Der Leihezwang: Eine Untersuchung zur Geschichte des deutschen Lehnrechtes*. Mohr Siebeck.
Goldberg, K., & Goldman, A. (2017). Large-scale selective functionalization of alkanes. *Accounts of Chemical Research, 50*(3), 620–626.
Goldman, M. (2004). Putin and the oligarchs. *Foreign Affairs, 83*(6), 33–34.

Goodman, J., & Pauly, L. (1993). The obsolescence of capital controls? Economic management in an age of global markets. *World Politics, 46*, 50–82.
Goodwin, T. (2012). Why we should reject „nudge". *Politics, 32*(2), 85–92.
Gott, R. (2011). *Britain's empire: Resistance, repression and revolt.* Verso Books.
Gozgor, G. (2017). The impact of globalization on the structural unemployment: An empirical reappraisal. *International Economic Journal, 31*(4), 471–489.
Grab, A. (2003). *Napoleon and the transformation of Europe.* Palgrave Macmillan.
Graf, S. (2006). *Verdachts- und ereignisunabhängige Personenkontrollen – polizeirechtliche und verfassungsrechtliche Aspekte der Schleierfahndung.* Duncker & Humblodt.
Graham, M. (2019). *Digital economies at global margins.* International Development Research Centre.
Grech-Madin, C. (2021). Water and warfare: The evolution and operation of the water taboo. *International Security, 45*(4), 84–125.
Greif, A., & Kingston, C. (2011). Institutions: Rules or equilibria? In N. Schofield & G. Caballero (Hrsg.), *Political economy of institutions, democracy and voting* (S. 13–43). Springer.
Griswold, D. (2012). Immigration and the welfare state. *Cato Journal, 32*(1), 159–174.
Grossman, R., & Meissner, C. (2007). International aspects of the great depression and the crisis of 2007: Similarities, differences, and lessons. *Oxford Review of Economic Policy, 26*(3), 318–338.
Guerreiro, J., Rebelo, S., & Teles, P. (2020). What is the optimal immigration policy? Migration, jobs, and welfare. *Journal of Monetary Economics, 113*, 61–87.
Guiot, J., & Cramer, W. (2015). Climate change: The 2015 Paris Agreement thresholds and Mediterranean basin ecosystems. *Science, 354*(6311), 465–468.
Gunter, F. (2017). Corruption, costs, and family: Chinese capital flight, 1984–2014. *China Economic Review, 43*, 105–117.
GWI. (2020). *The global water tariff survey.* Global Water Intelligence.
Haarhoff, J., & Van der Merwe, B. (1996). Twenty-five years of wastewater reclamation in Windhoek, Namibia. *Water Science and Technology, 33*(10–11), 25–35.

Habyarimana, J., Humphreys, M., Posner, D., & Weinstein, J. (2009). *Coethnicity: Diversity and the dilemmas of collective action*. Russell Sage Foundation.
Haeberli, W., Bütler, M., Huggel, C., Müller, H., & Schleiss, A. (Hrsg.). (2013). *Neue Seen als Folge des Gletscherschwundes im Hochgebirge – Chancen und Risiken*. vdf Hochschulverlag.
Häfelin, U., Haller, W., Keller, H., & Thurnherr, D. (2016). *Schweizerisches Bundesstaatsrecht* (S. 375 ff.). Schulthess.
Hall, J., & Leeson, P. (2007). Good for the goose, bad for the gander: International labor standards and comparative development. *Journal of Labor Research, 28*(4), 658–676.
Hanseatic Transport Consultancy. (2018). Volkswirtschaftliche Schäden aus dem Rastatt-Unterbruch – Folgenabschätzung für die schienenbasierte Supply-Chain entlang des Rhine-Alpine Corridor 2017. Hamburg: Hanseatic Transport Consultancy.
Hanson, P. (2014). *Reiderstvo: Asset-grabbing in Russia*. Chatham House.
Harding, P. (2016). Uranium enrichment. In P. Hore-Lacy (Hrsg.), *Uranium for nuclear power* (S. 321–351). Woodhead Publishing.
Hartley, K., Tortajada, C., & Biswas, A. (2018). Political dynamics and water supply in Hong Kong. *Environmental Development, 27*, 107–117.
Harvey, R. (2013). The legal construction of the global foreign exchange market. *Journal of Comparative Economics, 41*, 343–354.
Hasan, R., Moore, M., & Handfield, R. (2020). Addressing social issues in commodity markets: Using cost modeling as an enabler of public policy in the Bangladeshi apparel industry. *Journal of Supply Chain Management, 56*(4), 25–44.
Hatzius, J., Struyven, D., & Rosenberg. I. (2020). Face masks and GDP. Goldman Sachs Research: Investment Report, June 29, 2020.
Hatzius, J. (2020). Global views: Moving past the bottom. Goldman Sachs Research: Investment Report, May 4, 2020.
Hayek, F. (1945). The use of knowledge in society. *American Economic Review, 35*, 519–530.
Hefendehl, R., von Hirsch, A., & Wohlers, W. (2003). *Die Rechtsgutstheorie*. Nomos.
Hegre, H., Oneal, J., & Russett, B. (2019). Trade does promote peace: New simultaneous estimates of the reciprocal effects of trade and conflict. *Journal of Peace Research, 47*(6), 763–774.

Heise, M., & Boata, A. (2019). Economic costs of Brexit. *International Economics and Economic Policy, 16*, 27–30.

Helleiner, E. (1994). *States and the re-emergence of global finance*. Cornell University Press.

Helleiner, E. (2015). Controlling capital flows 'at both ends': A neglected (but newly relevant) Keynesian innovation from Bretton Woods. *Challenge, 58*, 413–427.

Henderson, E., & Singer, J. (2000). Civil war in the post-colonial world 1946–92. *Journal of Peace Research, 37*(3), 275–299.

Henig, D. (2019). *Isolation or integration: Why the EU free trade agreement the Brexiteers want is not deliverable*. European Centre for International Political Economy.

Henrich, J., Boyd, R., Bowles, S., Camerer, C., Fehr, E., Gintis, H., & McElreath, R. (2001). In search of homo economicus: Behavioral experiments in 15 small-scale societies. *American Economic Review, 91*(2), 73–84.

Hermann, A., Krige, G., Mersits, U., Pestre, D., & Weiss, L. (1990). *Building and running the laboratory*. North Holland.

Hesse, J.-O., & Teupe, S. (2019). *Wirtschaftsgeschichte Entstehung und Wandel der modernen Wirtschaft*. Campus.

Hestermeyer, H., & Nielsen, L. (2014). The legality of local content measures under WTO Law. *Journal of World Trade, 48*(3), 553–592.

Hillman, A., & Ursprung, H. (2000). Political culture and economic decline. *European Journal of Political Economy, 16*(2), 189–213.

Hirsch, R. (2008). Mitigation of maximum world oil production: Shortage scenarios. *Energy Policy, 36*(2), 881–889.

Hirschfelder, G. (2004). *Alkoholkonsum am Beginn des Industriezeitalters 1700–1850. Vergleichende Studien zum gesellschaftlichen und kulturellen Wandel*. Böhlau.

Hirschman, A. (1978). Exit, voice, and the state. *World Politics, 31*(1), 90–107.

Hirschman, A. (1970). *Exit, voice and loyalty*. Harvard University Press.

Hirth, L. (2013). The market value of variable renewables: The effect of solar wind power variability on their relative price. *Energy Economics, 38*, 218–236.

Hiscox, M. (2020). Trade, distribution, and factor mobility. In M. Hiscox (Hrsg.), *International trade and political conflict* (S. 3–11). Princeton.

HM Government. (2018). *EU exit long-term economic analysis*. HM Government.

HM Government. (2019). *Operation Yellowhammer – HMG reasonable worst case planning assumptions.* HM Government.
Hochuli, A., Hochuli, J., & Schmid, D. (2021). Competitiveness of diversification strategies in agricultural dairy farms: Empirical findings for rural regions in Switzerland. *Journal of Rural Studies, 82,* 98–106.
Hodgkinson, P. (2016). *Development of seamless rail-based intermodal transport services in Northeast and Central Asia.* United Nations Economic and Social Commission for Asia and the Pacific.
Höft, U. (2018). Mehr Güter auf die Schiene – aber wie? Neue Impulse für den Schienengüterverkehr. *Forschungsbericht der Technischen Hochschule Brandenburg, 2015*(2016), 138–144.
Hölbl, G. (2001). A history of the Ptolemaic empire (S. 179 ff.). Routledge.
Howell, A. (2020). Industry relatedness, FDI liberalization and the indigenous innovation process in China. *Regional Studies, 54*(2), 229–243.
Hudson, M. (1992). *Trade, development, and foreign debt: A history of theories of polarisation and convergence in the international economy.* Pluto Press.
Hudson, M. (2010). *America's protectionist takeoff, 1815–1914: The neglected American school of political economy.* ISLET-Verlag.
Huegel, A. (2003). *Kriegsernährungswirtschaft Deutschlands während des Ersten und Zweiten Weltkrieges im Vergleich.* Hartung-Gorre.
Humphries, M. (2013). *Rare earth elements: The global supply chain.* Congressional Research Service.
Husmann, R., & Feldhusen, A. (2014). Stromberg – Der Film. Brainpool.
Hüther, M., Diermeier, M., & Goecke, H. (2018). *Die erschöpfte Globalisierung.* Springer Fachmedien.
IBA. (2020). *Gemeinsam Grenzen überschreiten.* Internationale Bauausstellung.
IEA. (2019). *World energy outlook 2019 (elektronische Daten).* International Energy Agency.
IEA. (2020). *Changes in primary energy demand by fuel and region in the stated policies scenario, 2019–2030 (elektronische Daten).* International Energy Agency.
IFBB. (2020). Biopolymers – facts and statistics. Hannover: Institute for Bioplastics and Biocomposites.
ILS. (Hrsg.) (2011). *Interkommunale Gewerbegebiete in Deutschland.* Institut für Landes- und Stadtentwicklungsforschung und Bauwesen des Landes Nordrhein-Westfalen.
Imai, K., Cheng, W., & Gaiha, R. (2017). Dynamic and long-term linkages among agricultural and non-agricultural growth, inequality and poverty

in developing countries. *International Review of Applied Economics, 31*(3), 318–338.
Inekwe, J., & Valenzuela, M. (2020). Financial integration and banking crisis. A critical analysis of restrictions on capital flows. *The World Economy, 43*(2), 506–527.
Intergovernmental Panel on Climate Change. (2015). Transport. Working Group III Contribution to the IPCC Fifth Assessment Report (S. 599–670). Cambridge University Press.
Irwin, D. (2019). *Does trade reform promote economic growth? A review of recent evidence*. National Bureau of Economic Research.
Isphording, I. (2014). *Language and labor market success*. Institute for the Study of Labor.
ITC. (2020). *List of exporters for the selected product Product: 30 Pharmaceutical products*. International Trade Center.
Jackson, K. (2018). *Asian contagion: The causes and consequences of a financial crisis*. Routledge.
James, J. (2008). The digital divide across all citizens of the world: A new concept. *Social Indicators Research, 89*, 275–282.
James, J. (2009). From the relative to the absolute digital divide in developing countries. *Technological Forecasting and Social Change, 76*(8), 1124–1129.
Jarvenpaa, S., & Leidner, D. (1999). Communication and trust in global virtual teams. *Organization Science, 10*(6), 791–815.
Jia, X., Qin, C., Friedberger, T., Guan, Z., & Huang, Z. (2016). Efficient and selective degradation of polyethylenes into liquid fuels and waxes under mild conditions. *Science Advances 2*(6), e1501591.
Johanson, J., & Vahlne, J. (1977). The internationalization process of the firm – A model of knowledge development and increasing foreign market commitments. *Journal of International Business Studies, 8*, 23–32.
Jordan, S. (2009). Francis Fukuyama und das „Ende der Geschichte". *Studies in Contemporary History, 6*, 159–163.
Karadag, R. (2010). *Neoliberal restructuring in Turkey: From state to oligarchic capitalism*. Max Planck Institut für Gesellschaftsforschung.
Karki, A., & Shrestha, B. (2007). Micro-hydropower in Nepal: Access to electricity for isolated rural population in the hills and mountains. *International Energy Journal, 3*(2), 89–97.
Kaschuba, W. (Hrsg.). (1989). *Der Deutsche Heimatfilm – Bildwelten und Weltbilder*. Ludwig-Uhland-Institution für Empirische Kulturwissenschaft der Universität Tübingen.
Kavieff, P. (2001). *The violent years: Prohibition and the Detroit mobs*. Barricade Books.

Keim, M. (2018). Die Zukunft des 500-€-Scheins. In J. Lempp, T. Pitz, & J. Sickmann (Hrsg.), *Die Zukunft des Bargelds*. Springer Gabler.
Keller, M. (1985). Das Saisonnierstatut als sozialethisches Problem. *Reformatio, 34*(1), 43–51.
Keupp, M. (Hrsg.). (2015). *The northern sea route: A comprehensive analysis*. Springer Fachmedien.
Keupp, M. (Hrsg.). (2020). *The security of critical infrastructures*. SpringerNature.
Keynes, J. (1919). *The economic consequences of the peace* (S. 6f). Macmillan & Co.
Khan, S., & Anderson, R. (2018). Potable reuse: Experiences in Australia. *Current Opinion in Environmental Science & Health, 2*, 55–60.
Kiernan, B. (2008). *The Pol Pot regime: Race, power, and genocide in Cambodia under the Khmer Rouge, 1975–79*. Yale University Press.
Kim, M. (1998). The working poor: Lousy jobs or lazy workers? *Journal of Economic Issues, 32*(1), 65–78.
Kipping, M. (1992). Reaganomics und Wettbewerbsfähigkeit – deutsche und europäische Lektionen aus einem amerikanischen Experiment. In C. Jakobeit, U. Sacksofsky, & P. Welzel (Hrsg.), *Die USA am Beginn der neunziger Jahre* (S. 157–175). Springer VS.
Kirk, R. (2016). Gewässer und Gedanke. Ästhetisierung, Nutzung und politische Bedeutung des Rheins im 19. Jahrhundert. In P. Reinkemeier & A. Schanbacher (Hrsg.), *Schauplätze der Umweltgeschichte in Nordrhein-Westfalen* (S. 27–40). Universitätsverlag Göttingen.
Klein, N. (2005). *Dispute settlement in the UN Convention on the Law of the Sea*. Cambridge University Press.
Kleinberg, R. (2019). *China's 'opening' to the outside world: The experiment with foreign capitalism*. Routledge.
Klinger, J. (2015). A historical geography of rare earth elements: From discovery to the atomic age. *The Extractive Industries and Society, 2*(3), 572–580.
Klinkott, H., Kubisch, S., & Müller-Wollermann, R. (2007). *Geschenke und Steuern, Zölle und Tribute*. Brill.
Knox, T. (1999). The volunteer's folly and socio-economic man: Some thoughts on altruism, rationality, and community. *Journal of Socio-Economics, 28*(4), 475–492.
Kolb, G. (2015). *Geschichte der Volkswirtschaftslehre: Dogmenhistorische Positionen des ökonomischen Denkens*. Vahlen.

Kołodziejczak, M. (2018). Food self-sufficiency in EU countries: An attempted projection to 2080. Proceedings of the 27th International Scientific Conference on Agrarian Perspectives XXVII. Prague: Czech University of Life Sciences Prague.
Kontorovich, E. (2019). Exiting Paris: What the climate accord teaches about the features of treaties and executive agreements. *Case Western Research Journal of International Law, 51*, 103–118.
Kreis, G. (2016). *Die Schweiz im Zweiten Weltkrieg*. Haymon Verlag.
Kruppe, T., & Lang, J. (2018). Labour market effects of retraining for the unemployed: The role of occupations. *Applied Economics, 50*(14), 1578–1600.
Kulke, E. (2012). *Wirtschaftsgeographie*. Schöningh UTB.
Kumar, M., & Mundada, G. (2017). Energy harvesting from gym equipments. *International Journal of Innovative Research in Electrical, Electronics, Instrumentation and Control Engineering, 5*(7), 127–131.
Kuntzemüller, A. (1941). Hundert Jahre schweizerisch-badische Eisenbahnpolitik. *Zeitschrift für schweizerische Statistik und Volkswirtschaft, 77*(3), 398–422.
Kupper, P., & Pallua, I. (2016). *Energieregime in der Schweiz seit 1800*. Bundesamt für Energie.
Lakatos, C., & Kutlina-Dimitrova, Z. (2017). The global costs of protectionism. Policy Research working paper WPS 8277. World Bank.
Landeshauptstadt München. (2020). *München in Zahlen 2020*. Direktorium Statistisches Amt.
Laroche, F., & Guihéry, L. (2013). European Rail Traffic Management System (ERTMS): Supporting competition on the European rail network? *Research in Transportation Business & Management, 6*, 81–87.
Laroche, F., Sys, C., Vanelslander, T., & Van de Voorde, E. (2017). Imperfect competition in a network industry: The case of the European rail freight market. *Transport Policy, 58*, 53–61.
Larson, R. (2015). *The case of Canadian bulk water exports*. Canadian Global Affairs Institute.
Lavoie, D. (2015). *Rivalry and central planning: The socialist calculation debate reconsidered*. Mercatus Center at George Mason University.
Lebergott, S. (1981). Through the blockade: The profitability and extent of cotton smuggling, 1861–1865. *Journal of Economic History, 41*(4), 867–888.
Lechner, M., Miquel, R., & Wunsch, C. (2007). The curse and blessing of training the unemployed in a changing economy: The case of East Germany after unification. *German Economic Review, 8*(4), 468–509.

Legislator of Newfoundland. (1854). Charter of the Newyork, Newfoundland & London Telegraph Company, with a list of its officers. New York, June 1854.

Lenouvel, V., Lafforgue, M., Chevauché, C., & Rhétoré, P. (2014). The energy cost of water independence: The case of Singapore. *Water Science & Technology, 70*(5), 787–794.

Létolle, R., & Mainguet, M. (1996). *Der Aralsee – Eine ökologische Katastrophe.* Springer.

Li, Q., & Reuveny, R. (2011). Does trade prevent or promote interstate conflict initiation? *Journal of Peace Research, 48*(4), 437–453.

Li, X., & Liu, X. (2005). Foreign direct investment and economic growth: An increasingly endogenous relationship. *World Development, 33*(3), 393–407.

Liechti, J. (2020). Deliberate attacks on freshwater supply systems: A compartmentalized model for damage assessment. In M. Keupp (Hrsg.), *The security of critical infrastructures* (S. 47–59). Springer.

Ligthart, F. (2004). *Eco-industrial parks in Germany.* ECN report ECN-C—04–066.

Liimatainen, H., van Vliet, O., & Aplyn, D. (2019). The potential of electric trucks – An international commodity-level analysis. *Applied Energy, 236*, 804–814.

Likaka, O. (2009). *Naming colonialism.* University of Wisconsin Press.

Lin, J., Pan, D., Davis, S., Zhang, Q., He, K., Wang, C., Streets, D., Wuebbles, D., & Guan, D. (2014). China's international trade and air pollution in the United States. *Proceedings of the National Academy of Sciences, 111*(5), 1736–1741.

Link, H. (2000). Mehr Wettbewerb auf dem Schienennetz der Deutschen Bahn AG erforderlich. *German Institute for Economic Research, 67*(38), 624–633.

Lippert, B. (2020). Beitritt, Austritt und europäische Assoziierung-Vertragsgrundlagen und politische Praxis der Europäischen Union. In P. Becker & B. Lippert (Hrsg.), *Handbuch Europäische Union* (S. 619–643). Springer VS.

Lloyd, A. (2010). *A companion to ancient Egypt* (S. 159ff.). Blackwell Publishing.

Locke, J. (2014). *Second treatise of government: An essay concerning the true original, extent and end of civil government.* John Wiley & Sons.

Lohmann, H. (2009). Welfare states, labour market institutions and the working poor: A comparative analysis of 20 European countries. *European Sociological Review, 25*(4), 489–504.

Lohnes, J. (2020). Regulating surplus: Charity and the legal geographies of food waste enclosure. *Agriculture and Human Values, 38,* 351–363.
Longerich, P. (2008). Heinrich Himmler (S. 33 ff., 595 ff). Siedler.
Lopez, F., Pellegrino, M., & Coutard, O. (2019). *Les territoires de l'autonomie énergétique: Espaces, échelles et politiques.* ISTE Group.
Lovell, D. (2004). Marx's utopian legacy. *The European Legacy, 9*(5), 629–640.
Luckhardt, J., & Niehoff, F. (1995). *Heinrich der Löwe und seine Zeit: Herrschaft und Repräsentation der Welfen 1125–1235.* Hirmer.
Luczak, A. (2020). *Die bisherige Umsetzung der Energiewende in Deutschland* (S. 37–74). Springer.
Mäder, P., Hahn, D., Dubois, D., Gunst, L., Alföldi, T., Bergmann, H., Oehme, M., Amadò, R., Schneider, H., Graf, U., Velimirov, A., Fliessbach, A., & Niggli, U. (2007). Wheat quality in organic and conventional farming: Results of a 21 year field experiment. *Journal of the Science of Food and Agriculture, 87,* 1826–1835.
Madlovics, B., & Magyar, B. (2021). Post-communist predation: Modeling reiderstvo practices in contemporary predatory states. *Public Choice, 187,* 247–273.
Madsen, J. (2001). Trade barriers and the collapse of world trade during the great depression. *Southern Economic Journal, 67*(4), 848–868.
Madulu, N. (2003). Linking poverty levels to water resource use and conflicts in rural Tanzania. *Physics and Chemistry of the Earth, 28*(20–27), 911–917.
Maggio, G., & Cacciola, G. (2012). When will oil, natural gas, and coal peak? *Fuel, 98,* 111–123.
Maier, C. (1999). *Das Verschwinden der DDR und der Untergang des Kommunismus.* Fischer.
Maio, G. (2011). Zur Geschichte der Contergan-Katastrophe im Lichte der Arzneimittelgesetzgebung. *Deutsche Medizinische Wochenschrift, 126*(42), 1183–1186.
Malhotra, R. (Hrsg.). (2013). *Fossil energy.* Springer.
Malik, A. (2018). US withdrawal from the Trans-Pacific Partnership: Prospects for China. *Strategic Studies, 38*(1), 21–33.
Mansfield, E., & Pevehouse, J. (2000). Trade blocs, trade flows, and international conflict. *International Organization, 54*(4), 775–808.
Mansfield, E., & Pollins, B. (2003). *Economic interdependence and international conflict: New perspectives on an enduring debate.* University of Michigan Press.

Marković, I., & Marković, M. (2014). Agricultural protectionism of the European Union in the conditions of international trade liberalization. *Economics of Agriculture, 61*(2), 1–18.

Massot, A. (2020). *Die Finanzierung der Gemeinsamen Agrarpolitik Kurzdarstellungen zur Europäischen Union* (S. 1–6). Europäische Union.

Matthes, J. (2020). Technologietransfer durch Unternehmensübernahmen chinesischer Investoren. *Wirtschaftsdienst, 100*(8), 633–639.

Matthiasson, T. (2009). Spinning out of control: Iceland in crisis. *Nordic Journal of Political Economy, 34*(3), 1–19.

Maurer, A. (2020). Transportrecht in der Corona-Krise. In D. Effer-Uhe & A. Mohnert (Hrsg.), *Vertragsrecht in der Coronakrise* (S. 205–222). Baden-Baden.

Maurer, J. (2015). *Halt–Staatsgrenze! Alltag, Dienst und Innenansichten der Grenztruppen der DDR*. Ch. Links Verlag.

McDougall, R., Kristiansen, P., & Rader, R. (2019). Small-scale urban agriculture results in high yields but requires judicious management of inputs to achieve sustainability. *Proceedings of the National Academy of Sciences, 116*(1), 129–134.

McNally, R. (2020). *Oil market black swans: Covid-19, the market-share war, and long-term risks of oil volatility*. Center on Global Energy Policy at Columbia University SIPA.

Megill, A. (2001). Karl Marx: The burden of reason (S. 123ff.). Rowman & Littlefield.

Melin, T., & Rautenbach, R. (2007). *Membranverfahren*. Springer.

Metzger, J.-C., & Keupp, M. (2020). Mass casualty treatment after attacks on critical infrastructure: An economic perspective. In M. Keupp (Hrsg.), *The security of critical infrastructures* (S. 61–76). Springer.

Metzger, J.-C., Parad, S., Ravizza, S., & Keupp, M. (2020). Vulnerability and resilience of national power grids: A graph-theoretical optimization approach and empirical simulation. In M. Keupp (Hrsg.), *The security of critical infrastructures* (S. 77–93). Springer.

Meyer, C., & Steinmetz, H. (2013). Phosphorrückgewinnung aus Klärschlämmen kommunaler Kläranlagen. *Energie aus Abfall, 10*, 1015–1038.

Michel, J. (2020). *Regionale Konflikte im Südchinesischen Meer* (S. 7–37). Springer VS.

Middel, B., Bentheim und Steinfurt, O., & Pellenbarg, P. (1997). Europark. Picardt Club.

Migué, J., & Bélanger, G. (1974). Toward a general theory of managerial discretion. *Public Choice, 17*, 27–43.

Miller, M., & Hagan, E. (2017). Integrated biological-behavioural surveillance in pandemic-threat warning systems. *Bulletin of the World Health Organization, 95*, 62–68.
Mises, L. (1922). *Die Gemeinwirtschaft: Untersuchungen über den Sozialismus*. Gustav Fischer.
Mišík, M., & Prachárová, V. (2016). Before 'independence' arrived: Interdependence in energy relations between Lithuania and Russia. *Geopolitics, 21*(3), 579–604.
Mokhatab, S., Mak, J., Valappil, J., & Wood, D. (2014). *Handbook of liquefied natural gas*. Gulf Professional Publishing.
Molina, M., Zaelke, D., Sarma, K., Andersen, S., Ramanathan, V., & Kaniaru, D. (2009). Reducing abrupt climate change risk using the Montreal protocol and other regulatory actions to complement cuts in CO_2 emissions. *Proceedings of the National Academy of Sciences, 24*(2), 104–125.
Monopolkommission. (2014). *Hauptgutachten XX, 2012/2013*. Nomos.
Monteiro Monasterio, L. (2014). Stature and immigration in Southern Brazil (1889–1914). *América Latina en la historia económica, 21*(1), 115–133.
Moosa, I., & Moosa, N. (2019). The Washington Consensus. In *Eliminating the IMF* (S. 19–54). Palgrave Macmillan.
Moriarty, P., & Honnery, D. (2016). Can renewable energy power the future? *Energy Policy, 93*, 3–7.
Moser, A. (2014). *Der Zaun im Kopf*. Hartung-Gorre.
Moss, T., & Bannon, A. (2004). Africa and the battle over agricultural protectionism. *World Policy Journal, 21*(2), 53–61.
Müller, P. (2011). *St. Galler Textilgeschichten aus acht Jahrhunderten*. Hier + Jetzt Verlag.
Murray, R., & Holbert, K. (2019). *Nuclear energy*. Butterworth-Heinemann.
Nabilou, H. (2017). Regulatory arbitrage and hedge fund regulation: The need for a transnational response. *Fordham Journal of Corporate & Financial Law, 22*(4), 557–603.
Nathan, M. (2013). *The wider economic impacts of high-skilled migrants: A survey of the literature*. Institute for the Study of Labor.
Nättorp, A., Kabbe, C., Matsubae, K., & Ohtake, H. (2019). Development of phosphorus recycling in Europe and Japan. In H. Ohtake & S. Tsuneda (Hrsg.), *Phosphorus recovery and recycling* (S. 3–27). Springer.
Nell, P., & Zimmermann, T. (2007). Wege zur Intensivierung der Wirtschaftsbeziehungen Schweiz-USA. *Die Volkswirtschaft, 80*(7/8), 43–46.
Neuhaus, M. (2006). *The impact of FDI on economic growth – an analysis for the transition countries of Central and Eastern Europe*. Physica-Verlag.

New York Times. (1878). Alleged pauper immigrants. Arrival of a party of destitute Swiss, their expenses to America paid by the government. An investigation to be made. May 11, 1878.

NicKenzie Lawson, E. (2013). *Smugglers, bootleggers, and scofflaws*. State University of New York Press.

Nicklas, T. (2018). Die Schweiz und die Mannheimer Akte – Neutralität, Föderalismus und internationale Rheinpolitik. In H. Kümper & A. Maurer (Hrsg.), *150 Jahre Mannheimer Akte* (S. 115–130). Baden-Baden.

Niebuhr, A. (2010). Migration and innovation: Does cultural diversity matter for regional R&D activity? *Papers in Regional Science, 89*(3), 563–585.

Nietzsche, F. (1999). *Sämtliche Werke. Kritische Studienausgabe*. Deutscher Taschenbuch Verlag.

Niskanen, W. (1971). *Bureaucracy and representative government*. University of Chicago Press.

Nolte, K., Chamberlain, W., & Giger, M. (2016). *International land deals for agriculture: Fresh insights from the land matrix: Analytical Report II*. University of Pretoria.

Nonaka, I., & Takeuchi, H. (1995). *The knowledge-creating company: How Japanese companies create the dynamics of innovation*. Oxford University Press.

O'Reilly, J., Froud, J., Johal, S., Williams, K., Warhurst, C., Morgan, G., Grey, C., Wood, G., Wright, M., Boyer, R., Frerichs, S., Suvi, S., Ronatas, A., & Le Galès, P. (2016). Brexit: Understanding the socio-economic origins and consequences. *Socio-Economic Review, 14*(4), 807–854.

O'Rourke, K., & Williamson, J. (2000). *When did globalization begin?* National Bureau of Economic Research.

Oberrheinkonferenz. (Hrsg.) (2014). *Verbindung – Aktuelle Themen der Verkehrspolitik am Oberrhein*. Gemeinsames Sekretariat der deutsch-französisch-schweizerischen Oberrheinkonferenz.

Obstfeld, M., Shambaugh, J., & Taylor, A. (2005). The trilemma in history: Tradeoffs among exchange rates, monetary policies, and capital mobility. *Review of Economics and Statistics, 87*(3), 423–438.

Oddy, D. (2016). From roast beef to chicken nuggets: How technology changed meat consumption in Britain in the twentieth century. In A. Drouard & D. Oddy (Hrsg.), *The food industries of Europe in the nineteenth and twentieth centuries* (S. 231–246). Routledge.

OECD. (2017). *Agricultural Policy Monitoring and Evaluation 2017*. OECD Publishing.

OECD. (2020). *Health Workforce Migration (elektronische Daten)*. OECD Publishing.
OECD. (2021). *Quarterly GDP (indicator) (elektronische Daten)*. OECD Publishing.
OICA. (2019). *2019 Production Statistics – World motor vehicle production by country and type*. International Organization in Motor Vehicle Manufacturers.
Oneal, J., & Russett, B. (1999). Assessing the liberal peace with alternative specifications: Trade still reduces conflict. *Journal of Peace Research, 36*(4), 423–442.
Oplatka, A. (2009). *Der erste Riss in der Mauer*. Paul Zsolnay.
Orzechowski, W. (1977). Economic models of bureaucracy: Survey, extensions and evidence. In T. Borcherding (Hrsg.), *Budgets and bureaucrats* (S. 229–259). Duke University Press.
Osborne, E. (2013). *Britain's economic blockade of Germany 1914–1919*. Routledge.
Ott, U., & Ghauri, P. (2019). Brexit negotiations: From negotiation space to agreement zones. *Journal of International Business Studies, 50*, 137–149.
Pare, C. (2017). Frühes Eisen in Südeuropa: Die Ausbreitung einer technologischen Innovation am Übergang vom 2. zum 1. Jahrtausend v. Chr. In E. Miroššayová, C. Pare, & S. Stegmann-Rajtár (Hrsg.), *Das nördliche Karpatenbecken in der Hallstattzeit*. Archaeolingua.
Pejovich, S. (1994). The market for institutions vs. capitalism by fiat: The case of Eastern Europe. *Kyklos, 47*, 519–529.
Pejovich, S. (2012). *Economic analysis of institutions and systems*. Springer.
Peyer, P. (Hrsg.). (1996). *Vom Sternenfeld zum EuroAirport Basel-Mulhouse-Freiburg*. Christoph Merian.
Piketty, T. (2014). *Das Kapital im 21. Jahrhundert*. C.H. Beck.
Pindyck, R., & Rubinfeld, D. (2018). *Mikroökonomie*. Pearson Studium.
Pohl, M. (1988). *Geschäft und Politik. Deutsch-russisch/sowjetische Wirtschaftsbeziehungen 1850–1988*. v. Hase & Koehler.
Polachek, S., Seiglie, C., & Xiang, J. (2007). The impact of foreign direct investment on international conflict. *Defence and Peace Economics, 18*(5), 415–429.
Pombeiro, A. (Hrsg.). (2019). *Alkane functionalization*. John Wiley & Sons.
Popp, J., Pető, K., & Nagy, J. (2013). Pesticide productivity and food security: A review. *Agronomy for Sustainable Development, 33*, 243–255.
Portes, A., & Vickstrom, E. (2011). Diversity, social capital, and cohesion. *Annual Review of Sociology, 37*, 461–479.

Post, V., Groen, J., Kooi, H., et al. (2013). Offshore fresh groundwater reserves as a global phenomenon. *Nature, 504*, 71–78.
Pöttgen, R., Jüstel, T., & Strassert, C. (Hrsg.). (2020). *Rare earth chemistry*. Walter de Gruyter.
Raeff, M. (1990). *Russia abroad. A cultural history of the Russian emigration 1919–1939*. Oxford University Press.
Ramswell, P. (2017). Derision, division, decision: Parallels between Brexit and the 2016 US presidential election. *European Political Science, 16*, 217–232.
Rapp, M., & Sänger, K. (1994). Umschlagbahnhof Basel Bad – ein grenzüberschreitendes Projekt. *Schweizer Ingenieur und Architekt, 112*(35), 644–651.
Rascovan, A. (2016). La infraestructura y la integración regional en América del Sur: Una visión geopolítica de los proyectos ferroviarios en el marco de IIRSA-COSIPLAN. *Relaciones Internacionales, 51*, 1–22.
Reese-Schäfer, W. (2019). Marx und die Furcht vor der Anarchie des Marktes. *Ideengeschichte als Provokation* (S. 97–108). J.B. Metzler.
Rehm, S. (1989). *Handbuch der Landwirtschaft und Ernährung in den Entwicklungsländern. Bd. 3, Grundlagen des Pflanzenbaus in den Tropen und Subtropen* (S. 134–135). Ulmer.
Reid, J., Nicoll, C., & Allen, H. (2019). *Mapping the world's prices 2019*. Deutsche Bank Research.
Reinhardt, G., Gärtner, S., & Wagner, T. (2020). *Ökologische Fußabdrücke von Lebensmitteln und Gerichten in Deutschland*. Institut für Energie-und Umweltforschung Heidelberg.
Reuter, M. (1990). *Telekommunikation – Aus der Geschichte in die Zukunft*. Decker.
Richards, E. (1995). Emigration to the new worlds: Migration systems in the early nineteenth century. *Australian Journal of Politics & History, 41*, 391–407.
Riddick, J. (2006). *The history of British India: A chronology*. Greenwood Publishing Group.
Riley, J. (2001). *Rising life expectancy: A global history*. Cambridge University Press.
Robinson, W. (2002). Population policy in early Victorian England. *European Journal of Population, 18*, 153–173.
Rödder, A. (2009). *Deutschland einig Vaterland: Die Geschichte der Wiedervereinigung* (S. 72ff.). C.H. Beck.
Rode, M., et al. (2019). *Kapitalexport und Kapitalflucht aus China*. Deloitte.
Rodrigue, J. (2020). *The geography of transport systems*. Routledge.
Roehrkohl, A. (1991). *Hungerblockade und Heimatfront. Die kommunale Selbstversorgung in Westfalen während des Ersten Weltkrieges*. F. Steiner.

Rogers, D. (2017). Becoming a super-rich foreign real estate investor: Globalising real estate data, publications and events. In R. Forrest, S. Koh, & B. Wissink (Hrsg.), *Cities and the super-rich. The contemporary city*. Palgrave Macmillan.
Rondo, C., & Neal, L. (2003). *A concise economic history of the world*. Oxford University Press.
Röpke, W. (1958). *Jenseits von Angebot und Nachfrage*. Erlenbach-Zürich und Stuttgart: Eugen Rentsch.
Roth, G. (1987). *Politische Herrschaft und persönliche Freiheit. Heidelberger Max Weber-Vorlesungen 1983*. Suhrkamp.
Rudolph, A. (2014). *Bekanntmachung des Einheitlichen Ansprechpartners: Ein Beitrag zur Umsetzung der EUDienstleistungsrichtlinie* (S. 6 ff.). Springer.
Ruhl, J., & Salzman, J. (2017). Presidential exit. *Duke Law Journal, 67*, 1729–1759.
Runge, C., & Graham, L. (2020). Hunger as a weapon of war: Hitler's Hunger Plan, Native American resettlement and starvation in Yemen. *Food Policy 92*, 101835.
Russett, B. (1967). *International regions and the international system: A study in political ecology*. Rand McNally.
Saadma, T., & Vaubel, R. (2014). The emergence and innovations of the eurodollar money and bond market: The role of openness and competition between states. In P. Bernholz & R. Vaubel (Hrsg.), *Explaining monetary and financial innovation* (S. 323–366). Springer.
Safranski, R. (2019). *Wieviel Globalisierung verträgt der Mensch?* Carl Hanser.
Salaman, R. (2010). *The history and social influence of the potato*. Cambridge University Press.
Salas, J., Govindaraju, R., Anderson, M., Arabi, M., Francés, F., Suarez, W., Lavado, W., & Green, T. (2014). Introduction to hydrology. In L. Wang & C. Yang (Hrsg.), *Handbook of environmental engineering*, Bd. 15 (modern water resources engineering). Springer Science+Business Media.
Salop, S., & Scheffman, D. (1983). Raising rivals' costs. *American Economic Review, 73*, 267–271.
Sánchez, R., Perrotti, D., & Fort, A. (2021). Looking into the future ten years later: Big full containerships and their arrival to South American ports. *Journal of Shipping and Trade, 6*(2).
Sartre, J.-P. (1991). *Das Sein und das Nichts: Versuch einer phänomenologischen Ontologie*. Rowohlt.
Saxon, S., & Stone, M. (2017). *Container shipping: The next 50 years*. McKinsey & Co.

Scheler, W., Ziegenbein, R., Glaser, G., Sladko, D., & Liebig, H. (2011). *Grenzschutz und Grenzregime an der deutsch-deutschen Grenze.* Dresdner Studiengemeinschaft Sicherheitspolitik.

Schleicher, T. (2011). *Effizienz-Ranking «Stromsparen in Haushalten».* Institut für angewandte Ökologie.

Schlemmer, T. (2020). Zwischen Hunger und Hoffnung. Ernährung und Alltag in (West-)Deutschland von der «Rationengesellschaft» zum «Wirtschaftswunder». In A. Cubar'jan & A. Wirsching (Hrsg.), *Deutsche und sowjetische Gesellschaften im ersten Nachkriegsjahrzehnt* (S. 58–75). De Gruyter Oldenbourg.

Schmidt, D., & Heilmann, S. (2012). Chinesisch-amerikanische Beziehungen. *Aussenpolitik und Aussenwirtschaft der Volksrepublik China* (S. 133–145). Springer VS.

Schmidt, T. (2006). Waffenembargo und Handelskrieg im Mittelalter. *Vierteljahrschrift für Sozial- und Wirtschaftsgeschichte, 93*(1), 23–33.

Schumpeter, J. (1942). Capitalism, socialism and democracy (S. 81 ff.). London: Routledge.

Schwab, A. (2015). *Elektroenergiesysteme.* Springer.

Schwarz, J. (2011). *Stadtluft macht frei: Leben in der mittelalterlichen Stadt.* Primus.

Schweizerische Vereinigung für Internationales Recht. (Hrsg.) (2017). *Die Schweiz und das Völkerrecht.* Zürich: Schweizerische Vereinigung für Internationales Recht.

SDRIF. (2013). Ile-de-France 2030. Défis, projet spatial régional et objectifs (S. 42 ff.). L'Île de France: Projet de Schéma Directeur de la Région Ile-de-France.

SECO. (2021). *Freihandelspartner der Schweiz.* Bern: Staatssekretariat für Wirtschaft.

Seidel, W. (2012). *Die Weltgeschichte der Pflanzen.* Eichborn.

Sequeira, S., Nunn, N., & Qian, N. (2020). Immigrants and the making of America. *Review of Economic Studies, 87*(1), 382–419.

Service R. (1997). *A history of twentieth-century Russia* (S. 124–125). Harvard University Press.

Seymour, J. (2019). *The new complete book of self-sufficiency.* Dorling Kindersley.

Shapiro, R. (2018). *Institutional cost contribution requirement for competitive products.* Postal Regulatory Commission.

Sianesi, B. (2008). Differential effects of active labour market programs for the unemployed. *Labour Economics, 15*(3), 370–399.

Sieferle, R. (2020). *Fortschrittsfeinde? Opposition gegen Technik und Industrie von der Romantik bis zur Gegenwart.* Landt Verlag.

Siegelbaum, L. (1992). *Soviet state and society: Between revolutions, 1918–1929.* Cambridge University Press.

Sloane, P., Latreille, P., & O'Leary, N. (2013). *Modern labour economics.* Routledge.

Smith, S. (1994). Labour economics (S. 244 ff.). London: Routledge.

Solow, R. (1956). A contribution to the theory of economic growth. *Quarterly Journal of Economics, 70*, 65–94.

Soto, M. (2000). *Capital flows and growth in developing countries: Recent empirical evidence.* OECD Publishing.

Spehr, M. (2000). *Maschinensturm. Protest und Widerstand gegen technische Neuerungen am Anfang der Industrialisierung.* Westfälisches Dampfboot.

Spörlein, C. (2015). Destination choices of recent pan–American migrants: Opportunities, costs, and migrant selectivity. *International Migration Review, 49*(2), 523–552.

Spyri, J. (1880). *Heidis Lehr- und Wanderjahre.* F.A. Perthes.

Staatsarchiv Basel-Stadt. (2021). *Übersichtskarte von Basel mit den bestehenden und projektierten Hafen- und Bahnanlagen, 1917.* Basel: Staatsarchiv Basel-Stadt.

Stadt Köln. (2020). *Statistisches Jahrbuch Köln 2019.* Stadt Köln: Kölner Statistische Nachrichten.

Stapf, D., Seifert, H., & Wexler, M. (2019). Thermische Verfahren zur rohstofflichen Verwertung kunststoffhaltiger Abfälle. *Energie aus Abfall, 16*, 357–375.

Statcounter. (2020). *Mobile vendor market share worldwide, Global Stats, 2020 (elektronische Daten).* Dublin: Statcounter.

Statec. (2020). *Luxemburg in Zahlen.* Luxembourg: Institut national de la statistique et des études économiques.

Stiglitz, J. (2002). *Die Schatten der Globalisierung.* Goldmann.

Stirner, M. (2016). *Der Einzige und sein Eigentum.* Karl Alber.

Stolarczyk, J., & Janick, J. (2011). Carrot: History and iconography. *Chronica Horticulturae, 51*(2), 13–18.

Sturm, B., & Mennel, T. (2008). *Energieeffizienz: Eine neue Aufgabe für staatliche Regulierung?* Leibniz Zentrum für Europäische Wirtschaftsforschung.

Sturm, B., & Vogt, C. (2018). *Umweltökonomik – Eine anwendungsorientierte Einführung.* Gabler Verlag.
Sumption, J. (1990). *Trial by battle. The hundred years war I.* Faber and Faber.
Teng, P. (2020). Assuring food security in Singapore, a small island state facing COVID-19. *Food Security, 12,* 801–804.
Terry, N., & Banuelos, G. (2000). *Phytoremediation of contaminated soil and water.* CRC Press.
Teunissen, P., & Montenbruck, O. (Hrsg.). (2017). *Springer handbook of global navigation satellite systems.* Springer.
Thaler, R., & Sunstein, C. (2009). *Nudge.* Penguin.
Thym, D., & Bornemann, J. (2021). Schengen and free movement law during the first phase of the Covid-19 pandemic: Of symbolism, law and politics. *European Papers – A Journal on Law and Integration, 3,* 1143–1170.
Tiebout, C. (1956). A pure theory of local expenditures. *Journal of Political Economy, 64,* 416–424.
Tilly, R. (2015). *Geschichte der Wirtschaftspolitik: Vom Merkantilismus zur sozialen Marktwirtschaft.* Walter de Gruyter.
Trainer, T. (2007). *Renewable energy cannot sustain a consumer society.* Springer Science & Business.
Trede, O. (2015). *Zwischen Misstrauen, Regulation und Integration.* Schöningh.
Tümmers, H. (1999). *Der Rhein.* C.H. Beck.
Twardawa, S. (2006). *Der Tiergarten in Berlin: Das Abenteuer liegt um die Ecke.* Motzbuch.
Tyner, J. (2017). *From rice fields to killing fields: Nature, life, and labor under the Khmer Rouge.* Syracuse University Press.
Umweltbundesamt. (2017). Daten und Fakten zu Braun- und Steinkohlen (S. 23 f). Berlin: Umweltbundesamt.
Umweltbundesamt. (2018). *Umwelt- und Aufenthaltsqualität in kompakturbanen und nutzungsgemischten Stadtstrukturen.* Dessau-Rosslau: Umweltbundesamt.
Umweltbundesamt. (2020a). *Energieverbrauch nach Energieträgern und Sektoren (elektronische Daten).* Dessau-Rosslau: Umweltbundesamt.
Umweltbundesamt. (2020b). *Primärenergiegewinnung und -importe (elektronische Daten).* Dessau-Rosslau: Umweltbundesamt.
UNCTAD. (2018). *50 Years of review of maritime transport, 1968–2018: Reflecting on the past, exploring the future.* Geneva: United Nations Conference on Trade and Development.
UNCTAD. (2020). *Review of maritime transport 2020.* Geneva: United Nations Conference on Trade and Development.

UNESCO. (2009). *Water in a changing world – facts and figures*. Istanbul: United Nations Educational, Scientific and Cultural Organization.
United Nations. (2011). *Security Council resolutions on piracy off the coast of Somalia*. New York: United Nations Division for Ocean Affairs and the Law of the Sea.
United Nations. (2018). *World urbanization prospects: The 2018 revision*. New York: United Nations Department of Economics and Social Affairs, Population Division.
United Nations. (2019). *World migration report 2020*. United Nations International Organization for Migration.
United States Department of Energy. (2008). *The impact of increased use of hydrogen on petroleum consumption and carbon dioxide emissions*. Energy Information Administration.
United States Department of Energy. (2020). *Office of petroleum reserves*. United States Department of Energy.
Van Dijck, P. (2019). *The impact of the IIRSA road infrastructure programme on Amazonia*. Routledge.
Vasilopoulou, S., & Talving, L. (2019). Opportunity or threat? Public attitudes towards EU freedom of movement. *Journal of European Public Policy, 26*(6), 805–823.
Vaubel, R. (1999). Enforcing competition among governments: Theory and application to the European Union. *Constitutional Political Economy, 10*(4), 327–338.
Vaubel, R. (2006). The case for international competition among economy policy makers. *Economic Affairs, 10*(1), 28–30.
Vaubel, R. (2008). The political economy of labor market regulation by the European Union. *The Review of International Organizations, 3*(4), 435–465.
Vaubel, R. (2009). The theory of raising rivals' costs and evidence from the international labour organisation. *The World Economy, 32*(6), 862–887.
Velders, G., Andersen, S., Daniel, J., Fahey, D., & McFarland, M. (2007). The importance of the Montreal Protocol in protecting climate. *Proceedings of the National Academy of Sciences, 104*(12), 4814–4819.
Viktorov, I. (2019). Russia's network state and reiderstvo practices: The roots to weak property rights protection after the post-communist transition. In B. Magyar (Hrsg.), *Stubborn structures: Reconceptualizing post-communist regimes* (S. 437–459). Central European University Press.
Villarreal, M. (2014). *The pacific alliance: A trade integration initiative in Latin America*. Congressional Research Service.

VLP. (2015). Siedlungen hochwertig verdichten. *Raum & Umwelt 03/2015.* Bern: Schweizerische Vereinigung für Landesplanung.
Von Beyme, K. (2010). Der Föderalismus. *Das politische System der Bundesrepublik Deutschland* (S. 367–406). Springer VS.
Von der Borght, R. (1892). *Die wirtschaftliche Bedeutung der Rhein-Seeschifffahrt.* Commissions-Verlag von Paul Neubner.
Walenberg, F., de Pas, R., & Zigterman, L. (2012). Making progress towards standardized train control. *Railway Gazette International, 3*(1), 35–38.
Walker, A., & Basiliensis, R. (1995). *Chance Regio-Flughafen: Wechselwirkungen zwischen dem EuroAirport Basel-Mulhouse-Freiburg und der Regio.* Helbing und Lichtenhahn.
Walker, T., Adebambo, O., Del Aguila, F. M., Elhaimer, E., Hossain, T., Johnston Edwards, S., Morrison, C., Romo, J., Sharma, N., Taylor, S., & Zomorodi, S. (2019). World seas: An environmental evaluation. *Ecological Issues and Environmental Impacts, 2*(3), 505–530.
Wang, X., Tang, Y., Wang, S., et al. (2020). Clean coal geology in China: Research advance and its future. *International Journal of Coal Science and Technology, 7,* 299–310.
Warren, M. (2011). Voting with your feet: Exit-based empowerment in democratic theory. *American Political Science Review, 105*(4), 683–701.
WBF. (2018). *Verordnung des WBF über die Pflichtlagerfreigabe von flüssigen Treib- und Brennstoffen.* Bern: Eidgenössisches Departement für Wirtschaft, Bildung und Forschung.
Weber, F., & Wille, C. (2020). Grenzgeographien der COVID-19-Pandemie. In F. Weber, C. Wille, B. Caesar, & J. Hollstegge (Hrsg.), *Geographien der Grenzen* (S. 191–223). Springer VS.
Weerakkodi, P., Gunawardena, H., & Koswattage, K. (2020). Generating electricity using produced mechanical energy in a gymnasium. *Journal of Multidisciplinary Engineering Science Studies, 6*(8), 3500–3504.
Weingarten, P. (2020). Agrarpolitik. In U. Andersen, J. Bogumil, S. Marschall, & W. Woyke (Hrsg.), *Handwörterbuch des politischen Systems der Bundesrepublik Deutschland* (S. 55–68). Springer VS.
Wenger, A., Nünlist, C. (2016). Aufwertung der sicherheitspolitischen Beiträge der Schweizer Aussenpolitik. *Bulletin 2016 zur schweizerischen Sicherheitspolitik,* 19–47.
Whyte, B. (2004). *«En territoire belge et à quarante centimètres de la frontière»: An historical and documentary study of the Belgian and Dutch enclaves of Baarle-Hertog and Baarle-Nassau.* University of Melbourne.

Will, M. (2015). Völkerrecht und nationales Recht: Dogmatische Grundlagen und konkrete Ausgestaltung am Beispiel der deutschen Verfassungsordnung. *Juristische Ausbildung, 37*(11), 1164–1176.
Wille, C. (2020). *Borders in Times of COVID-19/Grenzen in Zeiten von COVID-19*. Universität Luxemburg, UniGR-Center for Border Studies.
Wirth, C., & Schatz, V. (2020). *Lawfare im Südchinesischen Meer: Der Kampf um die Freiheit der Schifffahrt*. German Institute of Global and Area Studies.
Wirtz, V. (2016). *Insulin market profile*. Health Action International.
Witt, J. (2015). Smuggling and blockade-running during the Anglo-Danish war from 1807 to 1814. In K. Aaslestad & J. Joor (Hrsg.), Revisiting Napoleon's continental system. Palgrave Macmillan.
Witte, E. (2002). Telekommunikation: Vom Staatsmonopol zum privaten Wettbewerbsmarkt. In H. Albach & E. Witte (Hrsg.), *Privatisierung von öffentlichen Unternehmen*. Gabler.
World Bank. (2016). *High and dry: Climate change, water, and the economy*. International Bank for Reconstruction and Development / The World Bank.
World Bank. (2020a). *Electricity production from hydroelectric sources (% of total) (elektronische Daten)*. World Bank.
World Bank. (2020b). *CO2 emissions (kt) (elektronische Daten)*. World Bank.
World Bank. (2020c). *Energy imports, net (% of energy use) (elektronische Daten)*. World Bank.
World Bank. (2020d). *Employment in agriculture (% of total employment) (modeled ILO estimate) (elektronische Daten)*. World Bank.
World Bank. (2020e). *Exports of goods and services (current US$) (elektronische Daten)*. World Bank.
World Bank. (2021a). *Urban population (% of total population) (elektronische Daten)*. World Bank.
World Bank. (2021b). *Net migration (in total number of people) (elektronische Daten)*. World Bank.
World Nuclear Association. (2020). *Country profiles (elektronische Daten)*. World Nuclear Association.
WTO. (2020a). *The agreement on textiles and clothing*. World Trade Organization.
WTO. (2020b). *Merchandise trade values annual dataset (elektronische Daten)*. World Trade Organization.
WTO. (2020c). *Regional trade agreements database (elektronische Daten)*. World Trade Organization.

Wu, J., & Xia, F. (2020). Negative interest rate policy and the yield curve. *Journal of Applied Econometrics, 35*(6), 653–672.
Wyss, R. (1973). Wirtschaft und Gesellschaft in der Jungsteinzeit. Francke, S. 34ff.
Zahra, M. (2015). *United Arab Emirates' legal framework of migration.* The Gulf Research Center.
Zahra, M. (2018). *Saudi Arabia's legal framework of migration.* The Gulf Research Center.
Zeman, L., & Zydney, A. (2017). *Microfiltration and ultrafiltration: Principles and applications.* CRC Press.
Zhang, X., & Corrie, B. (2018). History of foreign investment in China. In X. Zhang & B. Corrie (Hrsg.), *Investing in China and Chinese investment abroad.* Springer.
Zhu, D., Mortazavi, S., Maleki, A., Aslani, A., & Yousefi, H. (2020). Analysis of the robustness of energy supply in Japan: Role of renewable energy. *Energy Reports, 6*, 378–391.
Zilker, M., Holzgrabe, U., & Sörgel, F. (2019). Überraschend stabil – Analyse von Altarzneien lässt auf deutlich längere Haltbarkeiten schliessen. *Deutsche Apotheker Zeitung, 18*, 42.
Zuber, J. (2015). *Gegenwärtiger Rassismus in Deutschland: Zwischen Biologie und kultureller Identität.* Universitätsverlag Göttingen.
Zucker, B., Müller, W., & Schlenker, G. (Hrsg.). (2016). *Kompendium der Tierhygiene.* Lehmanns Media.
Zucman, G. (2019). Global wealth inequality. *Annual Review of Economics, 11*, 109–138.
Zweig, S. (1942). *Die Welt von Gestern. Erinnerungen eines Europäers.* Bermann-Fischer.

Stichwortverzeichnis

3D-Drucker 60

A

Absolutismus 19, 127
Active Pharmaceutical Ingredients (APIs) 56
AfCFTA 13
Agrarfreihandel 120
Agrargüter 12
Agrarhandel 119
Agreement on Trade-Related Aspects of Intellectual Property Rights (TRIPS) 13
Aluminium 57
Anreicherung 50
Antike 11, 41, 43
Arbeitslosigkeit 73
Arbeitsmarkt 68, 69, 71, 97
Arbeitsmenge 70
Arbeitsmigration 22, 69, 73
Arbeitsnachfrage 97

Arbeitsplätze 71
Arbeitszeitverkürzung 72
Armut 3
Artamanen 40
Ärzte 54
Asienkrise 21
Atomwaffen 50
Ausreiseantrag 15
Außenwirtschaftspolitik 9, 17
Avocados 59

B

Bahnfahrt 109
Bankensystem 76, 82
Bankguthaben 79
Banknoten 76
Basel Accords 14
Belgisch-Kongo 8
Bildungsniveau 71
Binnenschiffe 104
Binnenzölle 19

Biochemie 55
Biodiesel 51
Blackouts 106
Bolschewiki 42
Brennstoffzelle 49
Brexit 99
Britisches Pfund 79
Britisch-Indien 8
Bundesstaat, deutscher 8, 15

C

Calciumhypochlorit 34
CARICOM 9
Cassis-de-Dijon-Prinzip 13
CETA 22
Chemie, industrielle 49
Chinesischer Yuan 79
CO_2-Emission 50, 108
Commonwealth 2
Containerfrachter 11, 122
Cotonou-Abkommen 120
CPTPP 13, 124
Cyanacrylatkleber 56

D

Dawes-Plan 77
Deutsche Bundespost 65
Deutsche Demokratische Republik (DDR) 15, 63, 77, 98, 101
Deutsche Mark 79
Deutscher Zollverein 12
Devisen 76
Devisenmarkt 3, 81
Dienstleistungsrichtlinie 13
Digital divide 107

Direktinvestition 68, 76
Doha-Runde 122
Drogen 60
Druckgasmotor 49
Dutch disease 78

E

Effekt, externer 66
Eigentum 100, 127
Eiserner Vorhang 95
Eiserne Seidenstraße 121
Elektrizität 47
Empire, britisches 2
Ende der Geschichte 4
Energiemix 52
Energiequelle 46
Energieträger
  erneuerbare 51
  fossile 51
Entwicklungsländer 2, 77, 81, 95, 106
Erdgas 46
Erdöl 46, 49
Erster Weltkrieg 101, 118, 125
Ethanol 51
EU-Kommission 13
Euro 81
Eurodollarmarkt 80
Europäische Freihandelsassoziation (EFTA) 14
Europäische Organisation für Kernforschung (CERN) 116
Europäische Union (EU) 3
Europäische Wirtschaftsgemeinschaft (EWG) 3
Europäischer Wirtschaftsraum 73, 98

European Train Control System
   (ETCS) 121
EU-Verordnungen 17

F
Fertigkeiten 5
Feudalsystem 44
Finalität 21
Finanzdienstleistungen 98
Finanzkrise 77, 82
Flandern 41
Fleischproduktion 40
Fluorchlorkohlenwasserstoffe
   (FCKW) 110
FONOP 12
Fragen, soziale 4
Französische Revolution 126
Freiheit 100, 127
Freiwillige 107
Futtermittel 39

G
Gefrierschiff 119
Geheimdiplomatie 16
Geldbasis 81
Geldkapital 75
Geldpolitik 80
General Agreement on Tariffs and
   Trade (GATT) 12
General Agreement on Trade in
   Services (GATS) 13
Gesundheitsabkommen 54
Gesundheitssystem 54
Gewerkschaft 68
Gips 37
Gleichheit, souveräne 8

Glühbirne 60
Glycerin 50
Goldstandard 83
Gottesgnadentum 127
Government Procurement
   Agreement (GPA) 13
GPS-Navigation 14
Grenzkontrolle 15, 99
Grenzstein 111
Güterhandel 69
Güterverkehr 36, 58, 75, 79, 102

H
Haager Landkriegsordnung 36
Halogenkohlenwasserstoff 49
Handel 5
Handelskrieg 75, 99
Hansestadt 6, 10
Hegemon 10
Hektarertrag 45
Helsinki-Schlussakte 15
Höchstarbeitszeit 72
Holzvergaser 50
Hot money 78
Hungerwinter 44

I
Imperialismus 21
Importgüter 66
Importverbot 65
Industrie 20
Infrastruktur 33, 54
Interbankenmarkt 82
Internationale Atomenergiebehörde
   (IAEA) 50
Investitionsabkommen, multilaterales
   (MAI) 15

Isolation 18
ITLOS 12

J
Joint Venture 20, 77
Jurisdiction shopping 79, 110

K
Kafala-System 69
Kaperbrief 11
Kapitalertrag 77
Kapitalverkehr 14, 75
Kapitalverkehrskontrolle 75
Kilokalorien 37
Kitt, sozialer 117
Klärschlamm 39
Klimawandel 109
Kohle 46
Kohlevorkommen 52
Kolonialreich 18
  französisches 2
Kolonie 20
Konsumgütermarkt 61
Konsumverbot 66, 107
Koordinationsproblem 67
Krankenhäuser 58
Kreditklemme 82
Kreuzfahrten 109

L
Land grabbing 103
Landschaftsräume 118
Landwirtschaft 45, 56, 119
  industrielle 38
Lebensgrundlagen 4, 36, 128

Lehnssystem 127
Lender of last resort 82
Liquid Natural Gas (LNG) 10, 105
Liquidität 82
Lithium 49
Lizenz 60
LKW 104
Lockdown 75, 83, 99, 102, 109, 119
Luftfracht 11
Luxemburg 101

M
Mannheimer Akte 9
Medikamente 54, 66
Merchant adventurers 6
MERCOSUR 13
Merkantilismus 19
Metalle der seltenen Erden 104
Methan 49
Metropolregion 75, 113
MIFID 14
Migration 74
Mikroturbine 53
Mittelalter 41
Monopolbetrieb, staatlicher 64
Multifaserabkommen 13

N
Nachverdichtung 75
Nahrungsmittel 38
Nahrungsmittelversorgung 17
Naturalverpflegungstage 102
Naturrecht 100
Neophyten 46
Newater 32
Nordostpassage 20, 122

Nordpolarmeer 122
Normalspur 121
Normfrequenz 105
Nuklearstrom 50
Nullerjahre 21, 78

O

OAKPS 120
Off-gridding 53
Offshore-Guthaben 80
Ökobilanz 109
Ökosystem 45
Öl- und Gasfelder, unkonventionelle 51
Oligarch 20
Ölkrise 3
Ölpreis 48
Operation Yellowhammer 99
Ostblock 10, 63, 79
Ostverträge 3
Ozonloch 110

P

Pacta sunt servanda 7
Paradies, urkommunistisches 4
Paraffinwachs 49
Pariser Klimaabkommen 51, 110
Pazifische Allianz 122
PC 61
Peak Oil 51
Personenkontrollen 101
Pestizide 45
Pflegekräfte 54
Pflichtlager 102
Pforte, dschungarische 121
Pharmaindustrie 56

Phosphor 37
Phytoreinigung 35
Pipeline 20, 105
PKW 61
Placeboeffekt 56
Plan Wahlen 44
Plastikmüll 52
Polyethylen (PE) 49
Polypropylen (PP) 49
Postgeheimnis 59
Primärenergieträger 46
Produktivität 71, 107
Protektion 67

Q

Qualifikation 70

R

Ratifikation 7
Raum, virtueller 4
RCEP 13, 124
Rechtsgüter 100
Rechtsordnung 7, 24, 128
Rechtssicherheit 12
Redispatch 106
Regenwald 45
Reichsfluchtsteuer 76
Reisefreiheit 2
Rheinkorridor 112
Rheinschifffahrtsakte („Mannheimer Akte") 7
Rheintalstrecke 104
Romantik 41
Römisches Reich 18, 42
Rote Khmer 42
Russischer Rubel 79

S

Saatgut 38
Sachkapital 75
Satellit 10
Schengener Abkommen 15, 23
Schengenraum 15, 99, 102
Schengenstaat 100
Schienengüterverkehr 104, 108, 121
Schifffahrt 14
Schiffsdiesel 108, 111
Schmuggelware 40
Schmuggler 60
Schuldenkrise 78
Schüttgutfrachter 11
Schutzauftrag 100
Schutzmaske 54, 103
Schutzverträge 8
Schwarzer Freitag 78
Schwarzmarkt 40, 49, 63
Schweißgas 50
Schwermetallion 45
Seehandel 11, 122
Seemächte 11
Seeverkehr 22, 95, 103
Selbstversorger 41, 116
Selbstversorgungsgrad 37, 44, 102
Sicherheit, innere 101
Signatarstaat 8
Silizium 61
Slow steaming 108
Smartphone 61, 107
Sonderwirtschaftszone 18
Souveränität 8, 17
Sozialabgabe 69
Sozialsystem 101
Speichermedium 61
Spitäler 57
Staatskapitalismus 127
Staatsmonopol 65

Staatsschuldenkrise 77
Städte 41, 43
Stern von Laufenburg 105
Steuern 69
Strommangellage 105
Stromnetz 48
Stromübertragungsnetz 105
Subventionen 96, 120
Sundzoll 6
Superfrachter 104, 108, 122
Süßgräser 45
Süßwasser 31
System
    feudales 69
    von Bretton Woods 2, 12, 75, 80

T

Tabakwaren 66
Tanker 11, 102
Taubenzucht 43
Technisches Hilfswerk 36
Technologie 72
Technologietransfer 77
Teflon 50
Teilchenbeschleuniger 113
Telekommunikation 14
Textilindustrie 73
Textilmarkt 63
Tobin-Steuer 79
Tonfilter 35
Träger- und Hilfsstoffe (excipients) 56
Transpacific Trade and Investment Partnership (TTIP) 122
Trilemma 81
Trinkwasser 32
Turbine 53

U

Überproduktion 58, 66
Übertragungsnetz 53
Ultrafiltration 35
UNCLOS III 11
Unterseekabel 14
Uran 46
Urban gardening 43
Urbanisierung 74
Urban mining 104
Ur- und Frühgeschichte 1
US-Dollar 78
USMCA 13
UV-Desinfektion 35

V

Verbraucherschützer 66
Verkehrsinfrastruktur 103
Verkehrswege 102, 104, 113
Verölung 52
Versailler Vertrag 14
Verträge, bilaterale 23, 73
Vieh 36, 45
Völkergewohnheitsrecht 7, 96
Völkerrecht 7, 9, 16
Völkerrechtssubjekt 7
Vollcontainerschiff 3
Vorratslager 37, 102

W

Währung 77
Washington Consensus 21
Wasserbilanz 32
Wasserelektrolyse 49
Wasserkraft 47
Wasserkreislauf 31

Wechselkurs 3, 65
 fixer 80
Weltbevölkerung 44
Welthandel 14, 103, 109, 126
Weltmarkt 67, 103
Weltmarktpreis 48
Weltstaat 7
Welttextilabkommen 13
Weltwirtschaft 95
Weltwirtschaftskrise 19, 20, 82
Wertschöpfung 71
Wertschöpfungskette 4, 5
Westfälischer Friede 8
Wiener Kongress 1
Wiener Übereinkommen 16
Windenergie 51
Wirtschaftsgeschichte 17
Wirtschaftsplanung, bürokratische 96
Wirtschaftsraum, europäischer 98
Wirtschafts- und Währungsunion 67, 77
Wirtschaftswunder 3
Wohnbevölkerung 74
World Health Organization (WHO) 58
World Trade Organization (WTO) 12, 65

Z

Zahlungsverkehr 76
Zentralasien 33
Zentralbank 80
Zertifikat 109

GPSR Compliance

The European Union's (EU) General Product Safety Regulation (GPSR) is a set of rules that requires consumer products to be safe and our obligations to ensure this.

If you have any concerns about our products, you can contact us on

ProductSafety@springernature.com

In case Publisher is established outside the EU, the EU authorized representative is:

Springer Nature Customer Service Center GmbH
Europaplatz 3
69115 Heidelberg, Germany

www.ingramcontent.com/pod-product-compliance
Lightning Source LLC
LaVergne TN
LVHW040739250326
834688LV00031B/361